D1720164

Hans Orsolics - Der Profiboxer

Renate Götz Verlag

Hans Orsolics•Der Profiboxer

1951 1953 1954 1961

1962 1965 1966 1969

1976 1982 März 2009 Juni 2009

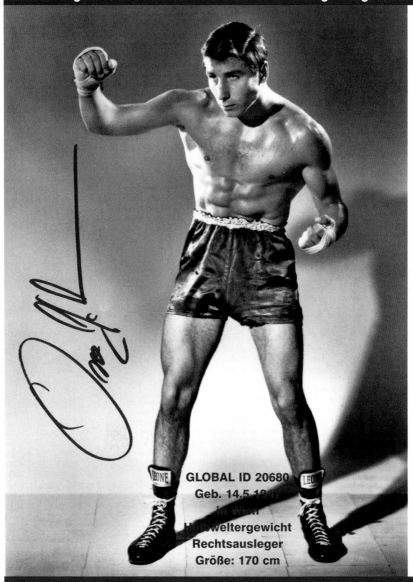

GLOBAL ID 20680
Geb. 14.5.1947
in Wien
Halbweltergewicht
Rechtsausleger
Größe: 170 cm

53 Profiboxkämpfe: W 42 (K.o. 28) / L 8 / D 3
Insgesamt 387 Runden als Profi geboxt
K.o.-Quote 53%

Vorwort

Dieses Buch schildert das wahre Leben des Hans Orsolics, seine Kindheit, Jugend, Familie, Schule, Lehre, den Beginn des Boxens, die Laufbahn als Amateurboxer und die außergewöhnliche Karriere als Profiboxer.

Als einer der jüngsten Profiboxer der damaligen Zeit errang Hans Orsolics beachtliche Erfolge und wurde zum Idol des österreichischen Boxsports.

Die harte Zeit des Profiboxens und Schicksalsschläge begleiteten den jungen Hans Orsolics auf seinem schweren Weg nach oben. Ein harter Boxer, der für seine Siege in der Wallfahrtskirche in Mariazell betete.

Auf dem Zenit seines Erfolges boxte „Hansee", wie ihn die Wiener liebevoll nannten, vor ausverkaufter Stadthalle, vor 15.000 Zuschauern.

Bis heute hat es kein Boxer geschafft, so wie Hans Orsolics die Massen zu begeistern und mitzureißen. Ganz Österreich feierte oder litt mit „Hansee". Eine besondere Attraktion war das Lied über sein „potschertes Leben", mit dem er wochenlang die Charts anführte.

Mit seiner Frau Roswitha ist Hans seit 24 Jahren glücklich verheiratet und arbeitete zuletzt in der Druckerei des ORF.

Seinen letzten Kampf gewann Hans im März 2009 - den Kampf gegen den Krebs, den er dank der ärztlichen Kunst der Professoren des AKH Wien besiegte.

Nach überstandener Krebserkrankung widmet sich Hans Orsolics wieder dem Boxen, indem er junge Boxer in Österreich unterstützt.

Autorin Anna Pfabl

Mit dem Erlös wird die Krebsforschung des AKH Wien unterstützt.

1. Auflage November 2010
Autorin : Anna Pfabl, Wien

Copyright © by Autorin Anna Pfabl
A-1210 Wien, Trillergasse 4
e-mail: Anna.Pfabl@gmx.at

Verlag
Renate Götz Verlag
A-2731 Dörfles, Römerweg 6
e-mail: info@rgverlag.com
www.rgverlag.com

Fotos im Buch
Umschlag Seite 1 Hans Orsolics Copyright © by Sabine Hauswirth
Fotos der Autorin Copyright © by Anna Pfabl
Familienfotos Hans Orsolics, Copyright © by Hans Orsolics
Fotos Bezirksjournal Wien, Copyright © by Alfred Dohr (Chefredakteur)
Fotos Austrian Boxing Association, Copyright © by Austrian Boxing Association
Bei allen weiteren Personen-Fotos liegt das Copyright jeweils bei der abgebildeten
Person, der Abdruck erfolgt mit freundlicher Genehmigung.

Der Abdruck der zitierten Texte erfolgt mit freundlicher Genehmigung der jeweiligen
AutorInnen.

Layout, Gesamtgestaltung und Bildbearbeitung
outLINE|grafik . Eva Denk . www.outlinegrafik.at

Produktion: Druckerei Paul Gerin, Wolkersdorf . www.gerin.co.at
Printed in Austria

ISBN 978-3-902625-18-2

Inhalt

Kapitel 1

Kindheit und Jugend

Kindheit, Schule und Kirche - Nachkriegszeit in Wien

Das Leben begann für Johannes „Hans" Orsolics am 14.5.1947 in Wien Ottakring, als viertes Kind von Johann und Aloisia Orsolics. Gemeinsam mit den Eltern und den Geschwistern Eduard (Edi), Alfred (Fredi) und Erika wohnte er in einer kleinen Wohnung im Parterre. Es war die Hausmeisterwohnung, da seine Mutter Hausbesorgerin war. Der Vater litt an einer Kriegsverletzung und fand kaum Arbeit. So lebte die sechsköpfige Familie fast ausschließlich vom kargen Verdienst der Mutter.

Seit Ende des 2. Weltkrieges waren nur zwei Jahre vergangen und die Situation in Wien sehr schlecht. Wien war Besatzungszone der Siegermächte: Russen, Engländer, Franzosen und Amerikaner teilten sich Wien in vier Zonen. Das Verhältnis zwischen den Besatzungstruppen und der Wiener Bevölkerung war geprägt von der weltpolitischen Lage und das Leben in Wien mitunter sehr gefährlich.

Die Stadt war ein Trümmerhaufen, über 20 Prozent der Bauwerke Wiens völlig zerstört oder so stark beschädigt, dass sie einsturzgefährdet waren und abgerissen werden mussten. Fast jedes Haus hatte Spuren des Krieges und der Zerstörung. In der Stadt gab es Tausende Bombentrichter, zerstörte Brücken, kaputte Wasser-, Strom- und Gasleitungen. Die Spuren des Krieges waren allgegenwärtig.

Vor allem die russischen Truppen, die Wien vom Naziregime befreit hatten, plünderten das zerbombte Wien, Vergewaltigungen standen an der Tagesordnung, Menschen wurden willkürlich verschleppt. Es gab kein Gesetz und Übergriffe der Roten Armee wurden von der russischen Armeeführung geduldet und nur selten bestraft. Vor allem in der russischen Zone stieg die Selbstmordrate in der Bevölkerung rasant an, die Menschen hatten Angst und trauten sich nicht auf die Straßen.

Die Aufräumungsarbeiten im zerstörten Wien gingen nur schleppend vor sich, die Menschen litten an Unterernährung. Es gab kein Baumaterial, es fehlte an allem. Die Appelle der Politiker, durchzuhalten und neuen Mut zu fassen, waren der einzige Trost, den sie spenden konnten. Die Säuglingssterblichkeit lag bei über 15 Prozent, Kinderkrankheiten endeten oft mangels Medikamenten tödlich. Die einzige Hilfe bei Erkrankungen waren alte Hausmittel - und beten.

Lebensmittel waren nur mit sogenannten Lebensmittelbezugskarten zu erhalten, falls überhaupt welche vorhanden waren. Der Schwarzhandel blühte und die Wiener Bevölkerung tauschte die letzten verbliebenen, wertvollen Sachen gegen Nahrungsmittel ein. In den Parks und öffentlichen Flächen Wiens bauten die Wiener Kartoffeln und Gemüse an. Im Winter wurde Brennholz im nahen Wienerwald gesammelt. Die Menschen waren froh, wenn sie ein Dach über dem Kopf hatten und den täglichen Überlebenskampf überstanden.

Die Kinder der Nachkriegszeit hatten Hunger und in dieser Situation war alles recht, um an Nahrungsmittel und Waren des täglichen Bedarfs zu kommen. Die Kinder bettelten auf den Straßen und, wenn sich die Möglichkeit ergab, war auch ein kleiner Diebstahl recht, um an die gewünschten Sachen zu kommen. Wenn die Kinder zur damaligen Zeit Lebensmittel nach Hause brachten, fragte niemand lange nach, woher die Sachen stammten. Es war da und wurde zum Überleben gebraucht. Den Kindern wurden keine Werte wie *Du darfst nicht stehlen oder betteln* vermittelt, sondern gegenteilig, die Kinder wurden noch gelobt, wenn sie nach Beutezügen nach Hause kamen. Besonders bei den Besatzungssoldaten lohnte sich das Betteln und manchmal fiel auch ein Stück Schokolade oder eine kleine Süßigkeiten ab.

Die Wohnung der Familie Orsolics in der Habichergasse 16 im 16. Wiener Gemeindebezirk bestand aus nur zwei Räumen, einer Küche und einem Zimmer, mit dem WC am Gang. Die Mutter musste schwer arbeiten, um die Familie zu ernähren, und hatte kaum Zeit für die Kinder. Da sie aber als Hausbesorgerin arbeitete, war sie trotzdem der Familie nahe und kümmerte sich liebevoll um die Kinder, vor allem der kränkliche kleine Hansi war ihr besonders ans Herz gewachsen.

Die ganze Familie lebte in nur einem Raum, auf wenigen Quadratmetern zusammen. Klein-Hansi schlief gemeinsam mit seiner Schwester und den Eltern im Ehebett, die beiden Brüder auf einer Couch. Die schlechte Ernährung, vor allem Vitaminmangel, setzte den Kindern mehr zu als den Erwachsenen und der kleine Hansi war ständig krank. Die feuchtkalte Wohnung - im Winter schlecht beheizt, es gab nur einen kleinen Ofen, wo man ständig Brennmaterial nachlegen musste - sowie die mangelhafte Ernährung verursachten mehrere Krankenhausaufenthalte des kleinen Hansi, die zunehmend länger wurden. Es sah nicht gut aus um seine Gesundheit, bis zum dritten Lebensjahr war Klein-Hansi Dauergast im Spital. Die Mutter besuchte den Buben täglich zwei Mal. Schon frühmorgens lief sie ins Spital, dann zurück ihre Arbeit verrichten, und am späten Nachmittag wieder zu Hansi. Daneben noch die restliche Familie versorgen - es waren ja noch 3 kleine Kinder da, neben der Arbeit als Hausbesorgerin.

Eines Tages traf die Familie Orsolics ein Schicksalsschlag. Die Mutter ging, wie so oft, zeitig in der Früh auf den Schwarzmarkt im nahen Park, um Lebensmittel für die Familie zu besorgen. Als mittags die Mutter noch immer nicht zu Hause war, wurde der Vater immer unruhiger und auch Erika weinte, weil die Mutter nicht nach Hause kam.

Der Vater beschloss, nach der Mutter zu suchen, und Erika sollte sich währenddessen um Hansi und die Geschwister kümmern. Hansi war erst vier Jahre alt und bekam eigentlich von den Sorgen der anderen nichts mit, aber da Erika weinte, weinte er auch. Voll Sorge rannte der Vater durch die Straßen, fragte immer wieder Leute, ob sie seine Frau gesehen hätten. In der Nähe des Parks, wo der Schwarzmarkt täglich stattfand, erhielt er die schreckliche Nachricht: die Polizei hatte in den frühen Morgenstunden alle Menschen auf dem Schwarzmarkt kontrolliert und einige Personen mitgenommen.

Die Nachfrage im Polizeiwachzimmer brachte dann die Gewissheit. Die Mutter war verhaftet worden, da sie mit Kartoffeln und einem Stück Fleisch er-

wischt worden war, welche sie am Schwarzmarkt gekauft hatte. Was mit ihr geschehen würde, wussten die Polizisten selbst nicht. Nur dass sie in Polizeigewahrsam sei und einvernommen würde.

Die Verzweiflung des Vaters ist leicht vorstellbar. Er machte sich Vorwürfe, warum nicht er auf den Schwarzmarkt gegangen war, und er sorgte sich um das Schicksal der geliebten Frau. Auf dem Weg nach Hause überlegte er, was er den Kindern sagen sollte. Wie konnte er ihnen beibringen, dass die Mutter eingesperrt war und nicht so schnell nach Hause kommen würde?

Zu Hause gab es keine Mutter und kein Essen, die Kinder weinten und der Vater war verzweifelt. Es wurde dunkel, Erika brachte zuerst Hansi zu Bett und dann die beiden anderen Brüder. Alle beteten, dass der Mutter nichts geschähe und sie bald wieder nach Hause käme.

Der Vater konnte die ganze Nacht nicht schlafen und dachte nach, wie er seiner Frau helfen könnte. Zeitig in der Früh machte er sich noch einmal auf den Weg ins Polizeiwachzimmer und traf dort auf einen älteren Polizeibeamten, dem er sein Leid klagte. Der Polizist hörte zu und versprach Hilfe, er würde dafür sorgen, dass der Frau nichts passierte und sie bald wieder nach Hause käme. Dieses Versprechen des Polizisten beruhigte den Vater nicht wirklich, doch er konnte nichts anderes tun, als zu warten.

Der Vater spürte vor Aufregung und Sorge keinen Hunger, aber die Kinder brauchten Essen, das die Mutter Tag für Tag besorgte. Die Mutter war der Mittelpunkt und die Versorgerin der Familie.

Der Mutter erging es nicht besser. Sie war gemeinsam mit vielen Leuten in einer Zelle eingesperrt, alle waren am Schwarzmarkt bei einer Razzia der Polizei festgenommen worden. Der Schwarzhandel war strengstens verboten und wurde hart bestraft. In der französischen Zone bestand die Strafe meist aus ein paar Wochen Haft, in der russischen Zone wurde Schwarzhandel oft mit der Deportation in russische Lager bestraft - in den meisten Fällen ein Todesurteil.

Die Mutter hatte keine Angst um sich selbst, doch die Sorge um die Familie brachte sie fast um den Verstand. Sie hatte mehrmals schon die Polizisten gebeten, sie nach Hause gehen zu lassen, drei Kinder warteten und der Mann würde sich große Sorgen machen. Doch die Polizisten hörten gar nicht zu. Jeder, der auf dem Schwarzmarkt erwischt wurde, hatte eine andere Ausrede, jeder hatte Familie und Kinder, die es zu versorgen gab. Die Polizisten lebten in der gleichen Situation, sie hatten auch Probleme, die eigene Familie zu versorgen.

Den ganzen Tag und die Nacht über saß die Mutter wie alle anderen in der kleinen Zelle auf dem Boden und wartete, was passieren würde. Niemand wusste genau, was kommen würde und wie die Polizisten entscheiden *würden.*

Erst am Vormittag des nächsten Tages wurde die Mutter befragt, warum sie auf dem Schwarzmarkt eingekauft hatte. Ihr wurde gesagt, dass die Lebensmittel beschlagnahmt seien und da sie das erste Mal erwischt wurde, nur eine Ermahnung ausgesprochen würde.

Kurz vor Mittag durfte die Mutter dann nach Hause. Sie rannte durch die Straßen und als sie endlich zu Hause die Türe aufsperrte, war sie ganz außer Atem. Die Mutter wurde vom Vater und den vier Kindern stürmisch begrüßt, umarmt und festgehalten.

Gleich nach der Begrüßung und einer kurzen Erzählung, was passiert war, verließ die Mutter wieder die Wohnung. Aber nur, um eine Stunde später mit einer Tasche voll Kartoffeln und Gemüse zurückzukehren. Nach einer halben Stunde roch es in der ganzen Wohnung nach einer kräftigen Suppe, die die Mutter zubereitet hatte, und das Leben der Familie Orsolics war wieder in Ordnung.

Hansis Gesundheitszustand besserte sich Dank der aufopfernden Pflege der Mutter und als Hansi in die Volksschule eintrat, war er vorerst ein guter und braver Schüler, soweit man dies von einem Wiener Vorstadtbuben behaupten konnte. Wie alle Buben in diesem Alter war auch Hansi keine Ausnahme und raufte in der Schule mit anderen Buben. Allerdings zeigten sich

schon die ersten Kämpferqualitäten und Hansi gewann nach und nach seine Raufereien.

Nach der Schule ging es schnell nach Hause, er aß, was da war, und dann auf die Straße und in den Park. Die Straßen und Parks waren die Spielplätze der damaligen Zeit und Hansi Orsolics ein Vorstadtkind. Kein Rabauke und Stänkerer, er ging aber auch keiner Rauferei aus dem Weg.

Es war ein kalter Wintertag im Dezember 1954, Weihnachten stand vor der Tür. Die Mutter weckte Hansi behutsam auf, es war fünf Uhr früh und er musste in die Kirche zur Frühmesse, als Ministrant. Im Zimmer war es kalt, der kleine

Holzofen gab erst nach und nach Wärme von sich. Die Mutter hatte Hansis Kleidung gleich neben dem Ofen auf einen Sessel gelegt, damit diese warm wurde.

Die Mutter war stolz auf ihren Hansi, da er seit kurzer Zeit Ministrant in der Heiligen-Geist-Kirche in der Herbststraße war. Hansi ging jeden Sonntag mit der Mutter zur Messe. Die Messe war für Hansi etwas Besonderes, er betete andächtig mit und verfolgte sie mit Interesse. Als die Mutter Hansi zur Erstkommunion anmeldete, wurde Hansi vom Pfarrer gefragt, ob er Ministrant werden wollte. Hansi stimmte begeistert zu und besuchte pünktlich den Ministrantenunterricht in der Pfarre. Große Teile der Messe wurden zur damaligen Zeit noch in Latein zelebriert. Als Bester im Ministrantenunterricht beherrschte Hansi bald alle lateinischen Begriffe und wandte diese auch gerne an. Hatte Hansi wieder einmal die Eltern verärgert, antwortete er mit: „Mea culpa, mea culpa, mea maxima culpa". Natürlich lachten dann alle und insgeheim waren sie sogar ein wenig stolz auf den kleinen Hansi.

Das frühe Aufstehen bereitete Hansi zwar große Probleme, aber er freute sich schon auf die Kirche und die Messe. Die Frühmesse mochte er besonders gern, da waren nur zwei Buben als Ministranten eingeteilt und Hansi durfte entweder die Glocke läuten oder als Hauptministrant sogar die Monstranz mit den Hostien aus dem Tabernakel am Altar nehmen.

Hansis Frühstück bestand aus einem harten Stück Brot und heißem Tee aus getrockneten Hagebutten. Hansi schlürfte nur ein wenig vom Tee, steckte das harte Stück Brot in seine Jackentasche und hatte es schon eilig, in die Kirche zu kommen.

Auf der Straße war es stockdunkel, es gab keine Straßenbeleuchtung. Der Schnee war gefroren und knirschte unter den schnellen Schritten. Der Weg zur Kirche war nicht weit, aber in der Dunkelheit unheimlich. Der kleine Hansi beeilte sich, versteckte sich, wenn er Geräusche hörte oder jemanden auf der Straße sah, unheimliche Gestalten, von denen keiner wusste, ob es Freund oder Feind war. Geduckt erreichte Hansi die Pforte der Pfarre und war froh, in der Kirche zu sein. In der Kirche war es sicher, hier drohte keine Gefahr. Ein Ort der Stille und des Friedens.

Hansi ging einen dunklen langen Gang entlang bis zu einem großen, alten Holzkasten, der gleich neben dem Eingang zur Sakristei stand. Dort hingen die Gewänder für die Ministranten, zwar etwas zerschlissen, aber dennoch ein Symbol. Bedächtig probierte Hansi einen Talar nach dem anderen, um die richtige Größe zu finden. Nachdem er einen roten angezogen hatte, streifte er noch ein weißes Oberteil über und betrat die Sakristei. Der zweite Bub war *noch nicht da und Hansi begann, die Utensilien für die Messe vorzubereiten.*

Bei der Frühmesse halfen die Ministranten dem Pfarrer beim Ankleiden des Messgewandes. Hansi stand vor einer Reihe verschiedener Messgewänder in allen Farben. Welche sollte er nehmen? Hansi begann daher zuerst mit den anderen Vorbereitungen für die Eucharistiefeier. Er nahm aus einem Kästchen ein silbernes Tablett, stellte zwei kleine Glaskännchen darauf und füllte eines davon mit Wasser. In das andere kam Wein. Hansi nahm aus dem Kästchen eine Flasche mit Wein. Er füllte das zweite Kännchen bis zum Rand, es ging fast über. Hansi stellte die Flasche weg und trank vorsichtig einen Schluck aus dem Kännchen. Der Wein schmeckte eigentlich nicht gut, aber da alle Ministranten einen Schluck Wein kosteten, machte er es eben auch. Es gehörte einfach dazu, Verbotenes zu tun - Bubenehre.

Hansi erschrak, als die Türe aufging. Aber nicht der Pfarrer, sondern sein Freund, der Burli aus der Nachbarschaft, war gekommen. Eigentlich hieß der Burli Ottokar, aber alle nannten ihn Burli. Er war auch schon umgezogen, begrüßte Hansi mit „Servas, Oida" und ging dann gleich zum Weinkännchen. Ein Schluck, dann noch ein zweiter Schluck und das Kännchen war leer. Burli füllte es noch einmal und hielt es Hansi hin. Hansi wollte zwar keinen Wein trinken, doch wenn Burli trank, musste er auch. Auf einen Zug leerte Hansi das Kännchen und gab es Burli zurück, der es wieder auffüllte und zurück auf das Tablett stellte. Burli war um zwei Jahre älter als Hansi und damit der Hauptministrant. Burli wusste gleich, welche Messgewänder der Pfarrer tragen würde, und richtete schnell alles her. Kaum dass die Buben alles vorbereitet hatten, kam auch der Pfarrer, ein älterer, aber sehr gutherziger, hilfsbereiter und freundlicher Mann. Er begrüßte die beiden Buben freundlich und dann halfen sie ihm beim Anziehen der Messgewänder. Hansi staunte, wie kompliziert das alles war. Das Anlegen der Messgewänder war eine Prozedur nach strengen Regeln und Hansi dachte: Wenn ich zwei Jahre lang Ministrant bin, weiß ich auch alles.

Aber dann wurde es ernst. Der Pfarrer nahm Aufstellung, die Monstranz mit den Hostien in beiden Händen haltend betrat er, gefolgt von Hansi und Burli, würdevoll die Kirche. Die Kirche war bis zum letzten Platz besetzt, die Leute kamen in die Kirche, um um das tägliche Brot zu beten.

Der Pfarrer stellte sich hinter dem Altar auf. Dann begann die Messe. Es war dunkel in der Kirche, nur der Altar war von zwei großen Kerzen beleuchtet, die nur während der Messe brannten. Hansi war der zweite Ministrant, das bedeutete, er musste die Glocke läuten. Insgesamt sechs Mal pro Messe und hoffentlich zum richtigen Zeitpunkt. Wusste Hansi nicht so genau wann, dann schaute er fragend zu Burli, der auf der anderen Seite des Altars kniete und

Hansi mit der Hand Zeichen gab, wann er läuten sollte. Alles war gut organisiert und die Messe lief bestens. Hansi kannte alle lateinischen Antworten und Gebetsformeln auswendig, da konnte ihm keiner etwas vormachen. Latein hatte er im kleinen Finger.

Nach der Messe gingen die Leute zur Arbeit und Hansi und Burli erhielten in der Sakristei vom Pfarrer ein deftiges Frühstück mit einem ansehnlichen Stück Wurst und Brot serviert. Die beiden Buben schlangen das Frühstück gierig hinunter, sie hatten Hunger. Zum Abschied gab es vom Pfarrer für beide noch ein dickes Schmalzbrot, eingewickelt in ein altes Stück Zeitungspapier, als Jause für die Schule.

Burli und Hansi marschierten Richtung Schule, es war noch zu früh für den Unterricht und so gingen sie nicht den direkten Weg, sondern auf der Hauptstraße, wo große Militärtransporter fuhren. Es waren französische Fahrzeuge, Ottakring war in der französischen Besatzungszone. Die beiden Buben winkten den Soldaten freundlich zu, hin und wieder gab es dafür eine Belohnung, indem die Soldaten ein oder zwei Tafeln Schokolade den Buben aus dem Fenster zuwarfen. So auch an diesem Tag. Hansi und Burli sammelten bis zur Schule jeder drei kleine Tafeln Schokolade. Das war mehr wert als alles Geld der Welt.

Das Klassenzimmer bestand aus alten Bänken und Schreibpulten, zerkratzt und angeschmiert. Die Möbel wackelten und sahen aus, als würden sie jeden Moment zusammenbrechen. Die alte Tafel an der Mauer hing etwas schief, sie war durch die Erschütterung bei den Bombenangriffen von der Mauer gefallen und nur notdürftig repariert worden. Doch das störte niemand.

In der Schule war es kalt, es gab keine Heizung, sondern in jedem Klassenzimmer einen großen Ofen, den die Lehrerin erst kurz vor Beginn des Unterrichts einheizte. Das Holz für die Schule wurde von freiwilligen Helfern gesammelt und sehr sparsam eingesetzt. Nur in der Früh wurde eingeheizt und dann nicht mehr nachgelegt. So wurde es um die Mittagszeit schon wieder kalt in den Klassenzimmern.

Für jedes Kind gab es nur ein Schulheft und einen Bleistift, für alle Gegenstände und Aufgaben. Die Kinder mussten klein schreiben, um Platz und Papier zu sparen. Es gab nur wenige Bücher in der Klasse, meist lasen zwei oder noch mehr Kinder in einem Buch.

Hansi war zwar kein Musterschüler, aber er schlug sich, wie im Leben auch, in der Schule durch. Die Schule war nicht gerade sein Element. Er streifte lieber mit seinen Freunden in den Straßen herum, auf der Suche nach etwas Brauchbarem, aber auch im Krieg mit anderen Bubenbanden des Viertels.

Das Schmalzbrot, das ihm der Pfarrer gegeben hatte, konnte er in der Schu-

le nicht auspacken. Sofort wäre er von seinen Schulkameraden umringt gewesen und alle bettelten um ein Stück vom Brot. Hansi beschloss, das Brot und auch die Schokolade seinen Geschwistern nach Hause mitzubringen.

Nach Schulschluss ging es nicht gleich nach Hause. Es waren noch einige Schneeballschlachten ausständig und als Hansi nach Hause kam, war er durch und durch nass.

Die Mutter reinigte gerade das Stiegenhaus, als Hansi kam. Sie unterbrach die Arbeit und schöpfte in der Küche aus einem großen Topf einen Teller Suppe für Hansi. Dazu gab es ein kleines, hartes Stück Brot. Hansi aß seine Suppe, kaute dazu das harte Brot und dachte nach, was er heute noch unternehmen könnte. Da fielen ihm das Schmalzbrot und die Schokolade ein. Er nahm alles aus der Tasche und gab es seiner Mutter. Das würde das Nachtmahl für ihn und seine Geschwister - ein Schmalzbrot und drei kleine Schokoladen. Eigentlich war es durch die Schokolade ein Festtag, denn Schokolade gab es nur selten.

Es gab auch keine Spielsachen. Die Sachen, mit denen die Kinder auf den Straßen spielten, waren selbst gebastelt. Aus alten Blechdosen wurden Autos und aus alten Fetzen Fußbälle zusammengenäht - das sogenannte „Fetzenlaberl".

Etwas Besonderes war es, mit dem Vater zu den am März Ring veranstalteten Boxkämpfen zu gehen. Dort sah zwar alles verfallen aus, eine zusammengenagelte Bretterbude, aber der Ring und die Boxer übten magische Anziehungskraft auf Hansi aus. Er konnte es nicht erwarten, zu den Boxveranstaltungen zu gehen, und war traurig, wenn diese aus waren. Zu Hause trainierte Hansi dann Schattenboxen, er imitierte die Bewegungen der Boxer im Ring, pendelte mit dem Oberkörper und kämpfte mit Schatten an der Wand. Er stellte sich vor, als berühmter Boxer im Ring zu stehen, und hörte schon den Jubel der Zuschauer. Hansi beschloss Boxer zu werden, und das bereits im Alter von sieben Jahren.

Der heilige Abend kam. Es war kalt, aber in der Familie herrschte eine warme Herzlichkeit und Gemütlichkeit. Trotz der ärmlichen Umstände war es ein Fest für die Familie. Die Mutter hatte im Tauschhandel Mehl und Zucker eingetauscht und ein paar Kekse gebacken.

Im Wohnzimmer stand ein kleiner Tannenbaum, liebevoll mit roten Bändern verziert. Jedoch ohne Kerzen, die gab es nicht zu kaufen. Vor dem einfachen Christbaum stand nur eine Kerze und brannte still vor sich hin. Der heilige Abend war für Hansi immer das Fest des Jahres. Es gab gutes Essen, Geschenke und dann ging die ganze Familie gemeinsam zur Christmette in die Kirche, wo er als Ministrant ganz vorne am Altar neben dem Pfarrer stand.

Obwohl die Kinder wussten, dass es keine großartigen Geschenke geben würde, freuten sie sich und warteten ungeduldig auf die in altes Papier eingepackten Geschenke, die unter dem Christbaum lagen. Alle bekamen etwas: Hansis Brüder einen Pullover und warme Socken, die Schwester eine selbstgebastelte Puppe, aus alten Strümpfen mit Strohfülle, und Hansi ein ziemlich großes, rundes Paket.

Hansi riss neugierig das Papier auf und zum Vorschein kam ein alter Lederfußball, aber nicht zum Fußballspielen, sondern mit Sand gefüllt und mit einer langen Schnur versehen. Zuerst wusste Hansi nicht, was er mit dem Geschenk anfangen sollte, doch sein Vater zeigte es ihm. Er hing den mit Sand gefüllten Fußball mit der Schnur an einem Haken an der Decke auf und Hansi hatte seinen ersten „Sandsack" fürs Boxtraining. Von diesem Tag an trainierte Hansi täglich an seinem Sandsack, sein Leben als Boxer hatte begonnen. Hansi war glücklich.

Jugendzeit

Die Jahre vergingen und Österreich erholte sich langsam von den Kriegs-schäden. Als Jüngster der Familie wuchs Hansi als Nesthäkchen auf, alle kümmerten sich um ihn, der Umgang in der Familie war trotz der schlechten Zeit sehr liebevoll und fürsorglich.

Es war die Zeit, als die Familien in Wien im Sommer gemeinsam zum Do-naukanal baden gingen oder im Winter auf den Straßen Wiens mit der Rodel fuhren. Es war zwar eine schwere Zeit, aber gemütlich und vor allem familien-freundlich. Es gab kein Fernsehen, am Abend spielten die Erwachsenen Kar-ten oder andere Gesellschaftsspiele, für Kinder gab es erste Spiele, die diese gemeinsam und euphorisch spielten.

Es gab viele befreundete Familien und am Wochenende gemeinsame Unternehmungen. Der Kirchgang am Sonntag war Pflicht. Während die Frau-en und Kinder andächtig in der Messe saßen, trafen sich die Männer in Gast-häusern unmittelbar neben der Kirche und spielten Karten, tratschten und tranken.

Hansi war zum Lieblingsministranten des Pfarrers geworden, beim Hoch-amt am Sonntag durfte er die Monstranz zum Altar bringen und Hansi war sehr stolz, dass gerade er diese Aufgabe hatte. Er versäumte keine Messe und war immer zur Stelle, wenn der Pfarrer ihn brauchte. Die Pfarre war wie ein zweites Zuhause für ihn, er fühlte sich in der Kirche wohl und betrachtete dort oft ehrfurchtsvoll die vielen Heiligen. Ob die ihm wohl helfen könnten, sei-nen Traum vom Boxen zu erfüllen? Hansi wusste es nicht genau, aber er bete-te zu den Heiligen um Hilfe und Verwirklichung seines Traumes.

Zu Hause waren die Wohnverhältnisse trist. Die Kinder wurden immer grö-ßer und der Platz in der kleinen Wohnung zu wenig. Mitunter gab es kleinere Streitereien, doch die Familie hielt zusammen. Mit Hilfe des Pfarrers bekam die Familie eine neue, große Wohnung in Kaisermühlen. Sehr zum Leidwesen Hansis und seiner Geschwister, die die vertraute Umgebung und die Freunde in Ottakring vermissten.

1959 erfolgte der Umzug der Familie Orsolics nach Kaisermühlen, einem Stadtteil des 22. Wiener Gemeindebezirks, im Grünen zwischen Donau und Alter Donau gelegen.

Familie Orsolics

Mutter Aloisia
geboren: 31.1.1912
verstorben: 11.5.1976
Beruf: Hausbesorgerin,
Gastwirtin

Vater Johann
geboren: 1.3.1909
verstorben: 1.9.1988
Beruf: Elektroschweißer,
Gastwirt

Bruder Eduard (Edi)
verheiratet mit Erika, Ersatzmutter für Natascha, die gemeinsam mit Sohn
Daniel aufwächst
geboren: 19.9.1932
verstorben: 4.6.1990
Beruf: Gastwirt an der Alten Donau

Bruder Alfred (Fredi)
verheiratet mit Ursula
geboren: 23.5.1938
verstorben: 20.7.2003
Beruf: Tischler

Schwester Erika
verheiratet mit Gerhard Köck
geboren: 25.8.1944
Beruf: Sekretärin bei
Rechtsanwalt

Wien in den 60-er Jahren

Nach der Unterzeichnung des Staatsvertrages 1955 war Österreich frei und Wien die Hauptstadt Österreichs. Die Wiener Stadtverwaltung sah aufgrund des immer größer werdenden Verkehrs die Notwendigkeit, neue Straßen zu bauen und die öffentlichen Verkehrsmittel wurden zu leistungsfähigen Transportmitteln ausgebaut. Immer mehr Straßenbahnen fuhren, neue Gleise wurden verlegt und entlegene Orte mit Autobuslinien erreichbar gemacht.

Der Wiederaufbau und die Stadterneuerung brachten wirtschaftlichen Aufschwung und Arbeitsplätze zur Genüge. Jeder fand Arbeit und die Leistungen wurden gut entlohnt. 1964 wurde die Wiener Stadthalle errichtet, zunächst mit einer Kapazität von bis zu 10.000 Zuschauern. In den Zeiten von Hans Orsolics, der 39 Mal in der Stadthalle boxte, wurde die Stadthalle dann auf 15.000 Zuschauer erweitert.

Die 60-er Jahre in Wien waren geprägt vom wirtschaftlichen Aufschwung. Arbeiter, Angestellte und Beamte verdienten gut. Die Familienväter kauften Autos und fuhren mit der Familie am Wochenende ins Grüne und in den Urlaub nach Italien. Eine Generation zwischen Freddy Quinn, Elvis Presley, Beatles und Rolling Stones.

Der Motorroller für Jungs und kurze Miniröcke für Mädchen waren Mode, die Schäden des Krieges verschwanden und eine neue Generation wuchs heran. Ende der 60-er Jahre begann die sogenannte „Flower-Power-Zeit" und damit die Zeit von Alkohol und Drogen, Musik und Partys. Wilde Partys wurden gefeiert und die Mädchen waren nicht nur mit ihren Reizen freizügig.

An den Verkehrsknotenpunkten in Wien wurden große Weinhallen und Bierhäuser eröffnet, um dem Ansturm der arbeitenden Bevölkerung standzuhalten. Große Massenabfertigungsbetriebe in der Gastronomie boten billiges Essen und billigen Alkohol an. Die Gastronomie erfüllte einen wichtigen gesellschaftspolitischen Aspekt und wurde von Arbeitern, Angestellten und Beamten gleichermaßen in Anspruch genommen. Die Heurigenbetriebe rund um Wien waren beliebte Ausflugsziele der Wiener. Dort wurde die meist selbst mitgebrachte Jause verzehrt, vom Heurigen nur der Wein gekauft. Es gab das sogenannte „Stoppelgeld" an den Wirt für selbst mitgebrachte Speisen oder Getränke.

Große Handelsketten, Kaufhäuser und Nahrungsmittelbetriebe entstanden, die die Wiener Bevölkerung ausreichend versorgten. Das Angebot an Nahrungsmitteln war vielfältig und ausreichend vorrätig.

In den Randgebieten Wiens wurden von der Gemeinde Wien große Wohnhausanlagen errichtet und Tausenden Familien für die damalige Zeit moderne

Wohnungen mit Bad und WC vermittelt.

Fast alljährlich mit der Schneeschmelze kam das große Hochwasser nach Wien. Meist blieb es bei Überschwemmungen des Handelskais, es gab aber auch Jahre, da standen ganze Teile Wiens entlang der Donau, meist am rechten Donauufer, unter Wasser. Besonders starke Hochwasser gab es 1954, 1965 und 1975. Das Hochwasser reichte fast bis zum Praterstern und große Teile des 2. Wiener Gemeindebezirks standen unter Wasser. Besonders stark betroffen waren die Gebiete rund um den Mexikoplatz.

Um zu den Häusern zu gelangen, wurden Steganlagen errichtet. In den Straßen fuhren Boote, die Feuerwehr brachte alte Leute in Sicherheit. Das Wasser reichte teilweise bis in den ersten Stock der Häuser. Die Keller waren überflutet, Fahrzeuge auf den Straßen zerstört und der Schaden nach jedem Hochwasser enorm. Die Stadtverwaltung beschloss im Jahr 1972, ein sogenanntes „Entlastungsgerinne", einen zweiten Donauarm im Bereich des Wiener Stadtgebietes zu bauen, um damit Überschwemmungen zu vermeiden.

Kaisermühlen

Kaisermühlen wurde erstmals 1674 urkundlich erwähnt und hieß „Hof- und Kaisermühlen". Der Name stammte von den damaligen Mühlen und Schiffern, die sich am sogenannten „Kaiserwasser", einem Nebenarm der Donau, angesiedelt hatten.

Im Jahr 1830 war der heutige Bereich des „Gänsehäufels" eine Anlegestelle für Dampfschiffe, wodurch Kaisermühlen an wirtschaftlicher Bedeutung gewann.

Nach der Regulierung der Donau von 1870 bis 1875 wurde der nach Kaisermühlen führende Nebenarm der Donau vom fließenden zum stehenden Gewässer und die Schiffmühlen verloren damit ihren Nutzen. Das stehende Gewässer drehte die Räder der Mühlen nicht mehr. Die Anlegestelle am Gänsehäufel war mit einem Mal von der Donau abgeschnitten und daher bedeutungslos geworden. Die neue Anlegestelle befand sich am neuen, regulierten Arm der Donau, wo sie heute noch besteht. Kaisermühlen verlor zusehends an Bedeutung.

In der Nachkriegszeit baute die Stadt Wien große Gemeindebauten und siedelte Tausende Wiener Familien in Kaisermühlen an, einem wunderschönen Freizeitparadies zwischen Neuer und Alter Donau.

Im Alter von 12 Jahren, Hansi besuchte die 4. Klasse Volksschule, kam der

Umzug. Hansi musste seine Tätigkeit als Ministrant aufgeben, eine neue Schule besuchen und neue Freunde finden.

Hansi fand sehr schnell Anschluss in Kaisermühlen, war er doch ein erprobter Kämpfer aus Ottakring und hatte schon viele Straßenkämpfe gewonnen. Die Straßenkämpfe zur damaligen Zeit waren beherrscht von kleinen oder größeren Jugendbanden mit bis zu 20 oder mehr Buben und noch zahlreicheren Anhängern. Besonders gefürchtet war die „Prater-Partie", die größte Jugendbande der damaligen Zeit.

Überall wo die Praterbuben auftauchten, gab es Raufereien, die allerdings nur mit den Fäusten ausgetragen wurden. Es gab keine Messer oder sonstigen Waffen oder Gegenstände. Der Kampf war Mann gegen Mann, mit den Fäusten. Auf Festlichkeiten in Aspern, Essling und Kaisermühlen traten die Praterbuben in Gruppen auf und alle hatten Angst vor den gefürchteten Raufern aus dem 2. Bezirk.

Hansi lernte in der Schule schneller Freunde kennen, als den Lehrstoff. In erster Linie setzte er sich als Neuling durch einige spektakuläre Siege gegen die Stärksten der Klasse durch, indem er in den Pausen zwischen den Stunden raufte. Sehr zum Leidwesen der Lehrer, die den Ruhestörer nicht in der Klasse haben wollten. Die Noten waren zwar nicht die besten, aber Hansi genügte es, in den zweiten Klassenzug der Hauptschule aufzusteigen. Er wollte Boxer werden und nicht studieren.

Während er in der Schule so recht und schlecht zurechtkam, setzte er sich in den Straßenkämpfen in Kaisermühlen durch und lernte Johannes „Jolly" Lang kennen, einen Freund, der wesentlich sein Leben bestimmen sollte. Jolly war um fünf Jahre älter, klein, aber hatte einen unvorstellbar harten Schlag und war als Straßenkämpfer gefürchtet. Es sprach sich schnell herum in Wien, dass es in Kaisermühlen zwei Buben gab, die nicht zu besiegen waren. Bei Kämpfen auf dem Überschwemmungsgebiet trieben die beiden „Kleinen" viele Größere in die Flucht und bekamen langsam den Ruf, unbesiegbar zu sein.

Natürlich gingen viele Kämpfe blutig aus. Es gab blutige Nasen, geschwollene Augen und manch aufgeplatzte Lippe, doch ein oder zwei Wochen später war wieder alles verheilt und vergessen. Schwerere Verletzungen gab es nie.

Es kam, wie es kommen musste. Eine Entscheidung musste fallen, die Praterbuben drängten auf einen Kampf mit Jolly und Hansi. Eines Tages erschien eine große Gruppe Praterbuben in Kaisermühlen, Jolly und Hansi waren mit ein paar wenigen Freunden überrascht worden und der Kampf schien so gut wie verloren.

Doch hatte keiner mit dem kleinen Jolly Lang gerechnet. Wenn er zornig wurde, flogen die Fetzen. So auch an diesem Tag. Der Anführer der Praterbuben hieß Kurtl Koller, ein großer, starker und gefürchteter Schläger aus dem Wiener Prater. Er hatte zahlreiche Kämpfe gewonnen und war der uneingeschränkte König des Praters. Bis zu diesem Tag. Der als unbesiegbar geltende Kurtl Koller erhielt vom kleinen Jolly Lang die Hiebe seines Lebens. Jolly schlug ihn so schwer zusammen, dass er Wochen zu seiner Erholung brauchte. Während der Anführer Schläge bezog, mischte Hansi mit wenigen Freunden den Rest der Praterbuben auf. Von diesem Tag an mieden die Praterbuben Kaisermühlen „wie der Teufel das Weihwasser". Und Wien hatte zwei neue Stars: Hansi Orsolics und Jolly Lang. Die beiden kosteten ihren Triumph aus, umschwärmt von Mädchen.

Noch war Boxen für Hansi kein Thema, er spielte Fußball beim FC Donau, gemeinsam mit den später in Österreich berühmt gewordenen Fußballspielern Robert Sara und Willy Kreuz. Freund Jolly, um fünf Jahre älter, interessierte das Fußballspielen recht wenig. Er trat dem Polizeiboxsportklub bei und wurde dort von Alois Swatosch, einem sehr erfahrenen Trainer, trainiert.

Bei ihren Streifzügen verdichtete sich die Freundschaft zwischen Hansi und Jolly immer mehr und die beiden wurden zu besten Freunden, fast unzertrennlich. Obwohl sie als Raufer bekannt waren und fürchterlich zuschlagen konnten, begannen sie nie von sich aus eine Rauferei. Aber wehe, es bot sich ein Anlass zum Zuschlagen.

Die Buben verließen nur selten ihr Kaisermühlen, hatten sie dort doch alles. Das damalige Überschwemmungsgebiet der Donau war Aulandschaft und nur wenige Meter vom neuen Zuhause der Familie Orsolics entfernt. Die nahe Alte Donau und das Gänsehäufelbad im Sommer zu Fuß in wenigen Minuten zu erreichen. Eine grüne Oase im Herzen Wiens.

Die Lehre als Rauchfangkehrer

Geschichtlich hat Rauchfangkehren seinen Ursprung in Italien und diente zur Sicherheit der Häuser. Durch das regelmäßige Reinigen der Rauchfänge verhinderte man Brände und sorgte für einen besseren Abzug der Rauchgase. Erste gewerbliche Rauchfangkehrer kamen im 15. Jahrhundert von Norditalien nach Österreich.

Bedingt durch zahlreiche Brände in den Städten gehörten die Rauchfangkehrer ab dem 17. Jahrhundert zum täglichen Stadtbild. Die Stadtväter verschiedenster Städte erließen Brandschutzverordnungen, die eine regelmäßige Reinigung der Häuserkamine und Kontrollen der Feuerstellen in den Häusern vorsahen.

Durch unvollständige Verbrennung von festen Brennstoffen (z. B. Holz und Kohle) entsteht im Kamin Ruß, der sich dort entzünden und einen sogenannten Kaminbrand auslösen kann. Auch Verstopfungen des Kamins durch Laub, Einsturz oder Vogelnester werden vom Rauchfangkehrer behoben.

Jeder Häuserkamin in Wien muss mindestens ein Mal jährlich geputzt werden. Eine Menge Arbeit, wenn man an die vielen Häuser und Kamine Wiens denkt.

In den Zinshäusern Wiens gibt es sogenannte Kehrbücher, welche meist beim Hausmeister oder der Hausverwaltung aufliegen. Darin vermerkt der Rauchfangkehrer seine verrichteten Arbeiten und bestätigt, dass die Kamine in Ordnung sind.

Rauchfangkehrer, auch „Schwarzer Mann" genannt, gelten in vielen Teilen der Welt als wahre Glücksbringer. Wer sie auf der Straße sieht oder gar berührt, soll Glück haben. Besonders zu Silvester sind Rauchfangkehrer beliebte Glücksbringer.

Ihre Mythologie um das Glück leitet daher, dass die Rauchfangkehrer die Kamine reinigen und so die Hausbewohner vor Rauchgasvergiftungen und Feuer schützen.

Als der junge Hansi Orsolics im Alter von 14 Jahren die Lehre als Rauchfangkehrer begann, fing damit auch der Ernst des Lebens an, was Hansi aber keineswegs so empfand. Ihm gefiel der Beruf des Rauchfangkehrers, er hatte die schwarzen Männer schon oft hoch über den Dächern Wiens herumturnen gesehen und war davon fasziniert.

Im richtigen Berufsleben, vor allem in den Lehrjahren, sah alles ein wenig anders aus. Der Lehrbub im Wien der 60-er Jahre hatte viele Aufgaben zu erledigen. Das begann zeitig morgens mit dem Herrichten der Werkzeuge und

Vorbereitungen für den Arbeitstag. Weitere Aufgaben waren Jause, Bier und Zigaretten zu holen und den Betrieb zu reinigen.

Hansis Arbeitstag begann zeitig in der Früh. Er stand jeden Tag um drei Uhr morgens auf, da er von Kaisermühlen zu Fuß zum Rauchfangkehrerbetrieb im 2. Bezirk gehen musste. Die Mutter hatte oft Probleme, Hansi so früh wach zu bekommen, besonders nachdem er mit dem Boxtraining begonnen hatte.

Bevor Hansi zur Arbeit ging, richtete ihm die Mutter täglich Jause und Essen für den Tag. Hansi konnte sich von den paar Schilling, die er als Lehrling erhielt, nicht viel leisten, schon gar nicht ein tägliches Essen im Gasthaus. Er saß zwar auch mit den Gesellen zu Mittag in Gasthäusern, aber er aß dort seine mitgebrachten Brote und trank nur, wenn er eingeladen wurde. Das Geld sparte Hansi für neue Boxhandschuhe, die er sich kaufen wollte. Lederhandschuhe - genau solche, wie sie die richtigen Boxer hatten.

Die Arbeit im Freien hatte den Vorteil, täglich in der frischen Luft zu sein. Aber auch den Nachteil, Wind und Witterung schutzlos ausgesetzt zu sein. Im Sommer herrschte auf den Dächern Wiens sengende Hitze, im Winter pfiff ein kalter Wind. Besonders in den Wintermonaten war der Beruf gefährlich, da die Dächer vereist und glatt waren. Einzig und allein vor und zu Silvester hatten die Rauchfangkehrer ihre beste Zeit. Sie gingen von Tür zu Tür und wünschten für das neue Jahr viel Glück. Dafür gab es meist ein Trinkgeld. Den Rauchfangkehrern Geld zu geben, bedeutete den Wienern, Glück für das nächste Jahr zu kaufen. Mit dem Pfarrer, dem Wirt und dem Rauchfangkehrer durfte man es sich nicht verderben.

Der kleine Hansi schleppte die Rauchfangkehrerutensilien, während der Geselle nichts trug. Die Stahlseile mit den Eisenkugeln und den Bürsten schnitten in Hansis Schultern. Doch Hansi ließ sich nicht anmerken, dass ihm das alles eigentlich viel zu schwer war. Tapfer und frohen Mutes rannte er hinter dem Gesellen her, viele Stockwerke hinauf bis in den Dachboden und von dort über eine Dachbodenluke zu den Kaminen, hoch über der Stadt.

Sie kamen bei einem alten Haus in der Praterstraße an, fünf Stockwerke hoch, der Schornstein in etwa 30 Metern Höhe. Das alte schmiedeeiserne Tor ließ sich nur schwer öffnen. Durch einen dunklen Gang erreichten sie das Treppenhaus, dann ging es fünf Stockwerke hinauf und eine weitere Treppe höher war der Eingang zum Dachboden. Durch eine alte Eisentüre gelangten sie in den Dachboden. Es war Winter und eisig kalt. Hansi erschrak, als ein paar Tauben aufschreckten und durch eine offene Dachluke davonflogen.

Durch diese Dachluke zwängte sich zuerst der Geselle aufs Dach hinaus, dann reichte ihm Hansi die Werkzeuge und kletterte hinterher. Auf dem Dach lag teilweise Schnee und große Flächen waren von Eis überzogen. An den Dachrinnen hingen lange Eiszapfen.

Es pfiff nicht nur ein eisig kalter Wind, auch ein paar Schneeflocken tanzten in der Luft. Der Geselle ging mit sicheren Schritten auf der Dachschräge hinauf zum dortigen Kamin, während Hansi sich noch an der Dachluke festklammerte. Er hatte mit einem Mal Angst, er sah die Dachkante und die Tiefe dahinter, ein unbedachter Schritt und er würde abstürzen, in den sicheren Tod.

Der Geselle sah Hansis Angst und warf ihm einen langen Strick zu, den sich Hansi um die Hüfte band, und dann stand er langsam und wackelig auf. Mit zittrigen Knien stieg er vorsichtig zum Gesellen hoch und dann war er ebenfalls beim Kamin.

Jetzt begann die harte Arbeit der Rauchfangkehrer. Die schwere Eisenkugel wurde an einem Stahlseil hängend mehrere Male in den Kamin bis zum Boden gelassen und dann wieder hochgezogen. Dabei wurden die Rußrückstände an den Kaminwänden abgeschlagen und später mit einer Bürste die Wände glatt gekehrt. Eine wahre Schwerarbeit, trotz der Kälte schwitzte Hansi unter seiner dicken Kleidung, Gesicht und Hände waren schwarz vom Ruß. Aber Hansi arbeitete fleißig und geschickt. Schon nach wenigen Wochen konnte er allein Kamine kehren, zur vollsten Zufriedenheit der Kollegen.

Nach zwei bis drei Stunden Schwerstarbeit war dann die Arbeit erledigt und die Kamine waren wieder sauber und sicher. Als Abschluss folgte der Besuch beim Hausmeister oder der Hausmeisterin, der Eintrag ins Kehrbuch und ein Bier oder Stamperl für den Gesellen.

Die Arbeit begann zwar zeitig in der Früh, dafür war um 3 oder 4 Uhr nachmittags bereits Arbeitsschluss und Zeit für Hansis Boxtraining.

Hansi Orsolics schloss seine Lehre im Alter von 17 Jahren erfolgreich mit der Gesellenprüfung ab, im praktischen Teil der Prüfung war er sogar Bester.

Kapitel 2

Erste Kontakte mit dem Boxsport

Erster Klub und erster Trainer

Jolly Lang erzählte Hansi vom Boxtraining und Hansis Augen leuchteten. Er wollte auch boxen gehen, doch es gab ein großes Problem - seine Mutter. Die Mutter hätte es Hansi nie erlaubt zu boxen und so blieb Hansi nur das Fußballspielen.

Eines Tages überraschte Jolly seinen besten Freund mit einer Freudenbotschaft. Hansi sollte ein Probetraining absolvieren, vor den gestrengen Augen von Trainer Swatosch. Von ihm hing boxen oder nicht boxen ab. Hansi war entgegen seiner sonstigen Art sehr nervös, konnte aber das Boxtraining nicht mehr erwarten. Endlich war der Tag da, Hansi ging mit Jolly in den Polizeiboxsportverein. Er stellte sich dem strengen Trainer vor und stotterte, als er nach seinem Alter gefragt wurde. Hansi war noch keine 15 Jahre alt und ein Training wäre nur mit Genehmigung der Eltern möglich. Gerade das aber war unmöglich.

Jolly half Hansi, die Hände mit einer Bandage zu umwickeln. Hansis Hände zitterten ein wenig, als er erstmals die so verehrten Boxhandschuhe überstreifte - das Gefühl war himmlisch. Mit zittrigen Knien betrat Hansi die Trainingsräume. Kellerräume zwar, aber das spielte keine Rolle. Es roch, für ein Trainingscenter typisch, nach Schweiß und ein wenig Moder - für den jungen Hansi der Geruch des großen Boxsports. Von der Decke hingen Sandsäcke, die wild von kleinen und großen Boxern bearbeitet wurden. Keiner beachtete den kleinen Hansi Orsolics, war er doch einer von vielen, die boxen wollten.

Nach einem Aufwärmtraining hatte Hansi seinen Auftritt. Unter strenger Beobachtung von Trainer Swatosch drosch Hansi auf den Sandsack, als wäre es ein Kampf um sein Leben. Trainer Swatosch beobachtete Hansi ganz genau und sah als Kenner, dass er einen Rohdiamanten vor sich hatte, der, richtig geschliffen, ein wunderschöner und wertvoller Brillant werden könnte.

Da die Mutter strikt gegen das Boxen war, blieb Hansi nichts übrig, als heimlich zum Boxtraining zu gehen. Verletzungen wurden mit Fußballspielen in Verbindung gebracht und die Welt war vorübergehend in Ordnung.

Bis eines Tages ein verhängnisvolles Fußballspiel stattfand. Hansi, als Verteidiger eingesetzt, wurde im Spiel mehrmals gefoult und blutete an den Schienbeinen. Es war immer derselbe Gegenspieler, ein großer, magerer Spieler, unsympathisch und arrogant, vor allem aber sehr unfair. Er verhöhnte Hansi während des Spiels, beschimpfte und provozierte ihn.

Hansis Zorn wuchs mit jeder weiteren Spielminute, bis das große Unglück passierte. Der verhasste Gegenspieler foulte einen Spieler aus Hansis Mannschaft und wurde daraufhin von Hansi schwer k.o. geschlagen. Hansi wurde vom Spiel ausgeschlossen, vom Fußballverband für ein Jahr gesperrt und hängte die Fußballschuhe an den Nagel.

Statt zum Fußballtraining ging Hansi nunmehr regelmäßig zum Boxtraining und wurde von Trainer Swatosch in Schlagschule und Boxsport unterwiesen. Hansi stellte sich als sehr gelehriger Schüler heraus und schlug sich tapfer bei Sparringkämpfen gegen weit ältere und erfahrenere Gegner.

Talent im Boxsport

Gerade 15 Jahre alt, erhielt Hansi endlich den heiß begehrten Kampfpass für Amateurboxer und damit die Gelegenheit, offiziell als Amateur zu boxen. Was Hansi nicht wusste, war die Tatsache, dass ihn der Trainer schon für die fünf Tage später stattfindende Neulingsmeisterschaft um die Trophäe des „Goldenen Handschuhs" beim Wiener Amateurverband angemeldet hatte, dass also Hansis erster Boxkampf unmittelbar bevorstand. Der „Goldene Handschuh" war die erste wertvolle Trophäe, die ein Boxer in seiner Karriere erobern konnte. Sozusagen der erste Schritt in Richtung Berufsboxer, der erste Meilenstein.

Hansi war nervös und angespannt, nicht aus Angst vor dem Kampf. Er konnte es nicht mehr er-

warten, im Ring sein Können zu zeigen. Trainer Swatosch hatte Hansi perfekt vorbereitet, vor dem Kampf in der Kabine absolvierte er mit Hansi ein Aufwärmtraining. Jeder Schlag Hansis ließ Swatosch erbeben, Hansis Punch war fürchterlich.

Dann war es so weit - Hans Orsolics betrat erstmals den Kampfring, betreut von Trainer Swatosch und begleitet von Jolly Lang. Die Zuschauer tobten, der März Ring war bis auf den letzten Platz besetzt. Boxsport kam damals gleich nach dem Fußballspielen und war von großem Interesse.

Hansi kletterte durch die Ringseile in seine Ecke und sah zum ersten Mal seinen Gegner. Er wog wie Hansi 57 kg und war auch ein Neuling im Boxsport. Der Gegner blickte Hansi an, als wollte er ihm sagen: Geh nach Hause, bevor ich dir weh tue. Er schlug die Fäuste zusammen und sprang im Stand auf und ab.

Der Ringrichter kletterte in den Ring, ging zuerst zum Gegner, kontrollierte die Handschuhe und Verschnürung, kam dann zu Hansi und begutachtete ebenfalls die Bandagen und Handschuhe sowie die Verschnürung.

Der Ringrichter winkte beide Boxer zu sich, erstmals standen sich die beiden Gegner Auge in Auge gegenüber. Jeder versuchte den anderen einzuschüchtern, indem er grimmig blickte. Der Ringrichter sprach eine kurze Belehrung, fair zu kämpfen, den Kommandos Folge zu leisten und die Boxregeln zu beachten. Jetzt begann der Kampf.

Ein kurzes „Shakehands" als Zeichen der Fairness und dann der Gong zur ersten Runde. Der Gegner kam auf Hansi zu, die ersten Schläge, ein erstes Abtasten des Gegners. Dann legte Hansi los, Schlag um Schlag traf den Gegner. Der fiel zu Boden und Hansi war wie in Trance. Der Ringrichter schickte Hansi in die neutrale Ringecke und begann zu zählen. Hansi hörte … 8, 9, AUS. Der Sieg, noch dazu ein K.o.-Sieg, im ersten Kampf, in der ersten Runde. Das Publikum tobte, schrie: Hansi, Hansi! Hansi konnte sein Glück nicht fassen. Er war Sieger, er hatte gewonnen!

Dann stürmten auch schon Jolly Lang und sein Trainer auf ihn zu, hoben ihn hoch und umjubelten ihn. Er schüttelte Hände, hörte Gratulationen und war glücklich.

Bei der Siegerehrung erhielt Hansi die erste Trophäe, den Goldenen Handschuh, in einer kleinen Schatulle überreicht. Für Hansi ein Geschenk des Himmels - und doch ein Problem. Ein großes Problem sogar. Wie sollte er der Familie, vor allem der Mutter, beibringen, dass er Boxer war?

Mit gemischten Gefühlen ging er nach Hause, die Schatulle mit dem Goldenen Handschuh fest in der Faust verschlossen. Nur ja nicht verlieren.

Zu Hause angekommen blieb Hansi nichts anderes übrig, als einzugestehen, dass er boxen ging und seinen ersten Kampf gewonnen hatte. Wortlos zog er seine Faust aus der Tasche und öffnete die kleine Schatulle. Der Goldene Handschuh leuchtete im Licht des Wohnzimmers noch heller und die Mutter war entsetzt. Sie dachte, Hansi hätte das Schmuckstück unrechtmäßig erworben, und machte sich Sorgen. Mit umständlichen Worten erklärte Hansi, dass er schon seit längerer Zeit Boxen trainierte und in seinem ersten Kampf den Goldenen Handschuh gewonnen hatte. Er war jetzt Wiens Neulingsmeister.

Mit einem Mal waren alle Bedenken der Familie weg und sogar die Mutter freute sich über den Erfolg ihres Buben. Obwohl sie mit dem Boxen nicht einverstanden war, wollte sie ihrem Buben nichts in den Weg legen.

Ab diesem Zeitpunkt lebte die ganze Familie für den Boxsport und für Hansi. Die Wohnung wurde umgebaut und so eingerichtet, dass Hansi zu Hause trainieren konnte, und Hansi selbst ließ keine Möglichkeit zum Training aus. Er hatte nur ein Ziel - Profiboxer zu werden.

Die Schule hatte Hansi 1961 mehr oder weniger erfolgreich beendet, einzig im Sport war er Klassenbester. Als es galt, einen Beruf zu erlernen, erhielt Hansi die Möglichkeit, bei der Firma Ainedter in Wien 2, Karmelitergasse, als Rauchfangkehrerlehrling anzufangen. Hansi nützte diese Möglichkeit und begann seine Lehre als Rauchfangkehrer.

Die schwere und gefährliche Arbeit war für Hansi kein Problem, er trainierte täglich mehrere Stunden, arbeitete hart und war in bester körperlicher Verfassung. Er ging täglich zu Fuß von Kaisermühlen in die Karmelitergasse und danach wieder nach Hause, wobei er zum Aufbau der Kondition auch Teilstücke lief. Zu Hause wurde schnell gegessen und dann ging es dreimal wöchentlich gemeinsam mit Jolly Lang zu Fuß in den 1. Bezirk, in die Postgasse, zum Training in den Polizeiboxsportverein. Die anderen Wochentage nutzte Hansi zum Training in Kaisermühlen.

Die Lehre gefiel Hansi und er war bei den Arbeitskollegen beliebt. Aber während diese nach Arbeitsschluss noch ein paar Gläser tranken, war Hansi schon auf dem Weg zum Training.

Amateurboxsport - Kämpfe und Erfolge

Hansi Orsolics war ein außergewöhnlich ehrgeiziger junger Boxer, mit dem unbedingten Willen zum Erfolg - die idealen Voraussetzungen für einen erfolgreichen Boxer. Hansi versäumte kein einziges Training, im Gegenteil, das Training wurde zu seinem Lebensinhalt. Er kam nie zu spät und Trainer Alois Swatosch brachte ihm alles bei, was er für den Amateurboxsport brauchte.

Auf die Kämpfe bereitete sich Hansi penibel vor, er trainierte nicht nur an den drei Wochentagen im Trainingscenter, sondern täglich zu Hause. Boxen war wie eine Sucht, von der er nicht mehr wegkam.

Zur damaligen Zeit war die Konkurrenz gewaltig, doch Hansi lernte, sich im Ring durchzusetzen. Mit jedem Kampf gewann er an Selbstvertrauen und verfolgte unerbittlich sein Ziel, Profiboxer zu werden.

Der Amateurboxsport unterschied sich jedoch wesentlich vom Profiboxsport. Es galt lediglich, einen Kampf zu gewinnen, es gab keine finanziellen Interessen und Intrigen.

In den drei Jahren als Amateurboxer bestritt Hansi 27 Kämpfe, von denen er 23 gewann und nur 4 verlor. Im September 1963 krönte er seine Amateurlaufbahn mit dem Titel des Österreichischen Jugendmeisters.

Boxsportverbände ab den 60-er Jahren

ÖBBV   Österreichischer Berufsboxer Verband

Der ÖBBV - Österreichischer Berufsboxer Verband wurde in den 50-er Jahren nach dem Krieg gegründet. Wie alle Sportverbände hatte er eine Monopolstellung in Österreich, das Vereins- und Verbandswesen war der Nachkriegszeit entsprechend streng. Der Präsident des Profiboxverbandes war der Gott des Boxsports und die Funktionäre Heilige, selbst der Kassier war eine Persönlichkeit.

In der damaligen Zeit vom Präsidenten und dem Vorstand für eine Profiboxlizenz würdig befunden zu werden, bedurfte schon einiger Anstrengungen. Der Vorstand des Boxverbandes entschied nach vielerlei Kriterien, es gab Sitzungen und Beratungen. Erst wenn der Boxer vom Verbandsvorstand für würdig befunden wurde, erhielt er die begehrte Profiboxlizenz. Es gab eine große Auswahl an Profiboxern, der Markt war übersättigt. Nach dem Krieg versuchten sich viele junge Burschen und Männer als Profiboxer und Nachwuchs war kein Problem.

Hans Orsolics bekam seine erste Profiboxlizenz im Jahr 1965, wofür eine jährliche Mitglieds- und Lizenzgebühr zu bezahlen war. Diese Lizenz berechtigte Hans zur Teilnahme an Profiboxveranstaltungen des ÖBBV sowie bei anderen nationalen Verbänden in Europa, aber auch zur Teilnahme an Europa- und Weltmeisterschaftskämpfen für Profiboxer.

Die Verbandsstrukturen zur damaligen Zeit waren noch recht übersichtlich, es gab national den ÖBBV (Österreichischer Berufsboxer Verband), die EBU Ltd. (European Boxing Union Limited) als einzigen Europaverband und die beiden Weltverbände WBA und WBC, welche 1962 bzw. 1963 aus nationalen amerikanischen Verbänden gegründet wurden.

Von seinen Einnahmen musste Hans Orsolics als Profiboxer 5 Prozent seiner Bruttobörse dem nationalen Verband abliefern. Kein schlechtes Geschäft, wenn man bedenkt, dass Hans Orsolics in seiner Boxzeit über 4 Millionen Schilling verdiente. Außerdem mussten bei Europameisterschaftskämpfen zusätzlich 5 Prozent an den Europaverband abgeliefert werden. Der Veranstalter zahlte auch noch 2 Prozent der Karteneinnahmen der Veranstaltung an den nationalen Profiboxverband.

Diese Verbandsabgaben sind auch heute noch bei den meisten nationalen Profiboxverbänden in Österreich, Deutschland, Frankreich, England und vielen anderen Ländern üblich. Es ist also nicht verwunderlich, dass manche Profiverbände über beträchtliche finanzielle Rücklagen verfügen und daher unabhängig von Politik und sonstigen Einflüssen agieren können.

EBU   Europäische Box Union

Die EBU (European Boxing Union Ltd.) wurde ebenfalls in den 50-er Jahren in England als Firma mit beschränkter Haftung gegründete, ohne Profit zu erzielen. Sie war die erste Institution in Europa, die den Titel „Europameister EBU" mit Zusatz der Gewichtsklasse vergab.

Als „Non Profit Limited" gegründet, erhielt und erhält sich die EBU Ltd. aus Mitgliedsgebühren von nationalen Verbänden sowie aus Prozenten der Boxerbörsen der um die Europameisterschaft boxenden Sportler.

Mit dieser Monopolstellung zur damaligen Zeit, mit ausreichend Boxern und Veranstaltungen hatte die EBU saftige Einnahmen zu verzeichnen. Über die Jahrzehnte gerechnet kommt schon eine ansehnliche Summe im Millionenbereich zusammen.

Weltboxverbände

Bis zum Beginn der 80-er Jahre gab es weltweit nur 2 Profiboxverbände, welche den Titel Weltmeister mit Zusatz des Verbandes und der Gewichtsklasse verliehen. Dementsprechend groß war der Andrang von guten Boxern weltweit. Nur die Besten der Besten bekamen die Chance, um eine Weltmeisterschaft zu boxen.

WBA   World Boxing Association

Die WBA wurde 1962 in Tacoma, Washington/USA gegründet und hat heute ihren Sitz in Venezuela. Die Gründung der WBA ist dem Streit zweier amerikanischer Verbände, der N.B.A. (National Boxing Association) und dem Boxing Department of the New York State Athletic Commission zu verdanken. Bis 1962 waren das die beiden einzigen Verbände weltweit, die den Faustkampf-Weltmeister vergaben. Der WBA schlossen sich Verbände aus 51 Staaten an und sie zählt noch immer zu den größten Verbänden weltweit.

WBC   World Boxing Council

Ein halbes Jahr nach der Gründung der WBA gründeten europäische und asiatische Interessenvertreter 1963 die WBC in Mexico City und dies ist bis dato der Sitz des Verbandes. Die Gründung der WBC erfolgte als Konkurrenzverband zur WBA und Verbände aus über 100 Staaten schlossen sich der WBC an, allen voran die BBBC (British Boxing Board of Control) als bedeutendster Verband Europas. Die WBC war maßgeblich daran beteiligt, dass 1982 die Rundenanzahl bei Titelkämpfen von 15 auf 12 reduziert wurde. Alle anderen Weltverbände erkannten diese Reform zum Schutz der Kämpfer an.

Erst mit Beginn der 80-er Jahre wurden weitere Weltverbände im Profibox-sport gegründet, um das Geschäft um die Titel im Profiboxsport weiter anzu-kurbeln. Der WBC gehören zurzeit Profiboxverbände aus 163 Staaten weltweit an.

WBO   World Boxing Organization

Die WBO wurde 1988 mit Sitz in Puerto Rico gegründet. Sie erlebte anfangs der 90-er Jahre einen Aufschwung durch den Hamburger Manager und Pro-motor Klaus-Peter Kohl (Universum Box-Promotion) und die beiden Englän-der Barry Heam und Frank Warren. Mit Dariusz Michalczewski hatten Klaus-Peter Kohl und die WBO zehn Jahre lang einen Dauerbrenner im Halbschwer-gewicht unter Vertrag. Kein anderer Boxer verteidigte seinen Titel öfter erfolg-reich als der Pole Michalczewski.

Im Schwergewicht wurden zuerst Vitali Klitschko und in der Folge auch Bruder Wladimir Klitschko Weltmeister der WBO. Mit einer Vielzahl an Kämp-fen stieg auch das Ansehen der WBO. Da WBO-Weltmeister zum größten Teil aus Europa stammen, findet der Titel der WBO in den USA kaum Beachtung.

IBF   International Boxing Federation

Die IBF wurde 1983 nach Streitigkeiten innerhalb der USBA (United States Boxing Association) gegründet, hieß anfänglich noch IBF-USBA und hat ihren Sitz in New Jersey/USA.

Durch gute Geschäftsstrategien stieg die IBF rasch zu einem der größten Verbände auf, viel Bedeutung erlangte sie unter anderem durch den von 1993 bis 2002 agierenden IBF-Weltmeister im Weltergewicht Felix Trinidad.

IBO   International Boxing Organization

Die IBO wurde 1993 gegründet und hat ihren Sitz in Coral Gables, Florida/USA. Obwohl die IBO nicht zu den größten Weltverbänden zählt, verfügte sie über einige Boxer von Weltformat, wie Wladimir Klitschko als Weltmeister im Schwergewicht. Die IBO kaufte die unabhängige Computerrangliste IWBR, konnte allerdings daraus kein Kapital schlagen.

WIBF   Women International Boxing Federation

Ende der 90-er Jahre entstand die WIBF als eine der führenden Boxorganisa-tionen im Frauenboxen mit Sitz in Miami, Florida/USA und auch in Karlsru-he/Deutschland.

Es besteht keinerlei Verbindung zu der von Männern dominierten IBF. Die bekannteste Weltmeisterin der WIBF war unbestritten Regina Halmich.

GBU   Global Boxing Union

Die GBU wurde 2005 in Deutschland für den Frauenboxsport gegründet, verfügt jedoch auch über eine Männersparte. Die GBU ist mit der WIBF verflochten, es gibt eine enge Zusammenarbeit.

Weitere Weltboxverbände:

WBF	World Boxing Foundation
UBF	United Boxing Federation
WPBF	World Professional Boxing Federation
WAA	World Athletic Association
IBA	International Boxing Association
IBC	International Boxing Council
IBO	International Boxing Organization
IBU	International Boxing Union
WBU	World Boxing Union
PBO	People's Boxing Organization
WBB	World Boxing Board

Viele der oben angeführten Welt-Profiboxverbände sind vorwiegend nur in Amerika oder nur in Europa tätig, es gibt noch eine Vielzahl an Profiboxverbänden in Afrika und vor allem in Asien, wie beispielsweise die Asia-Pacific-Boxing Association (APBA).

Derzeit sind über 30 Welt-Profiboxverbände tätig und ständig werden neue Weltverbände gegründet. Im Vordergrund stehen ausschließlich finanzielle Interessen und eine schier unüberschaubare Flut an Weltmeistertiteln im Boxen.

Zu Zeiten von Hans Orsolics war der Titel „Weltmeister" noch ein echter Weltmeister, in den meisten Gewichtsklassen war der Titelträger Weltmeister beider Verbände (WBA und WBC).

Erst in den 80-er Jahren begann die Gründung neuer Weltboxverbände und das hat sich bis heute fortgesetzt.

Kapitel 3

Der Weg zum Profiboxer

Geschichte und Tradition des Boxsports

Sportliche Übungen und Wettkämpfe lassen sich bei allen Völkern schon sehr früh nachweisen. Kraft, Gewandtheit, Schnelligkeit, Ausdauer und Mut waren Voraussetzungen für das tägliche Leben. Die heranwachsende Jugend und besonders die Männer übten sich in verschiedenen Sportarten. Bei kultischen Anlässen, Siegesfeiern und Totenehrungen fanden Wettkämpfe statt. Faustkämpfe unterschiedlichster Art wurden in vielen Gebieten ausgetragen. In China besitzt das Schattenboxen eine sehr alte Tradition, in Indonesien und auf den Südseeinseln kannte man Faustkämpfe, lange bevor Europäer in diese Länder kamen.

Bei den 41. Olympischen Spielen 616 v. Chr. wurden erstmals Boxkämpfe für Jugendliche ausgetragen. Bereits bei den antiken Olympischen Spielen galt es, möglichst geschickt dem Angriff des Gegners auszuweichen und dadurch Verletzungen zu vermeiden. Das Boxen, das den kraftvollen Einsatz des Menschen, blitzschnelle, kräftige aber zugleich elastische Bewegungen erforderte, den ganzen Körper ausbildete und formte, machte den Sportler zu einem harmonisch durchtrainierten Menschen und entsprach damit dem griechischen Menschenbild jener Zeit. Gewichtsklassen bestanden nicht, lediglich eine Unterteilung in Männer und Jugend.

Die Kämpfe wurden nach allgemein gültigen Regeln ausgetragen, die leider nicht überliefert wurden. Aus Darstellungen auf antiken Vasenbildern ist zu entnehmen, dass die Schläge auf Gesicht und Kopf gerichtet waren, Gerade, Haken und Schwinger sind typische Schläge. Verteidigungshandlungen wurden ausgeführt, eine gute Beinarbeit wurde gelehrt. Zum Training gehörten Geräte wie Sandsack und Maisbirne, bei den Übungskämpfen wurde ein Kopfschutz benutzt, das Schattenboxen war bekannt. Viele Berichte über Boxer des 5. und 6. Jahrhunderts v. Chr. spiegeln die Beliebtheit dieser Sportart wider.

Der berühmteste Boxer der Antike war sicherlich Diagoras, Sieger bei den 79. Olympischen Spielen 464 v. Chr. Von ihm, seinen Söhnen und Enkeln, alle Sieger in Boxkämpfen, waren Siegesstandbilder in einer Gruppe in Olympia aufgestellt. Im alten Rom war die Körpererziehung militärisch ausgerichtet. Das Boxen wurde Teil der militärischen Ausbildung junger Römer. Bei sportlichen Wettkämpfen blieben die Römer Zuschauer, Gladiatoren und Profis, meist Sklaven, waren die Kämpfer.

Spiele wurden veranstaltet, um die Gunst der Massen zu gewinnen und die Schaulust zu befriedigen. Schon in Griechenland und Rom mit seinen berüchtigten Gladiatorenkämpfen hat man weiche Lederriemen in harte Kernlederstreifen (Castus, von caedere = niederschlagen) umgewandelt. Damit war der ursprünglich aus Verteidigung und Angriff bestehende Faustkampf zum aggressiven und zunehmend brutalen und blutigen Zweikampf geworden, der eine immer größere Gefahr für die Gesundheit der Kämpfer darstellte. Dies wurde in der römischen Gladiatorenzeit weiterhin gesteigert, indem man die Kernlederstreifen mit spitzen Metallstacheln versetzte. Sieger war der Gladiator, der seinen Gegner schließlich niedergeschlagen hatte. Theodosius verbot die Olympischen Spiele im Jahre 393 n. Chr. Die christliche Kirche lehnte heidnische Körpererziehung und Wettkämpfe ab. Damit endete auch die Geschichte des antiken Boxsports.

Das moderne Boxen wurde in England geboren und erlebte seine Auferstehung im 17. Jahrhundert.

Wichtige Impulse erhielt das Boxen aus seiner Verbindung mit dem Fechten, vor allem mit dem Stockfechten, als dessen Ausgleichssport es offenbar erhalten wurde. James Figg (1695-1734), ein bekannter Londoner Fechtlehrer und Faustkämpfer, ist zum Pionier des Boxens geworden. Sich selbst als Meister von England einsetzend, verteidigte er im Juni 1727 gegen Ned Sutton erfolgreich seinen Titel und behielt ihn bis zu seinem Tode. Um 1720 eröffnete James Figg in Tottenham Court Yard die erste englische Boxschule. Das erste Lehrbuch des Boxens veröffentlichte 1747 der englische Captain John Godfrey.

Als Vater der Wissenschaft des Boxsports gilt Jack Broughton (1704-1789). Von ihm stammen die ersten Regeln im Boxen, wie überhaupt viele Wettkampfregeln im modernen Leistungssport in England entstanden sind. Die von Broughton ausgearbeiteten Regeln von 1743 galten bis 1838. In diesem Jahr erschienen die Londoner Preisringregeln, die 1853 überarbeitet wurden.

1867 schuf der Marquess of Queensberry die Regeln des Boxens mit Handschuhen, die die Grundlage für ein modernes Regelwerk wurden und einen

Wandel im Boxen einleiteten. 1923 lösten wiederum die Regeln des National Sporting Clubs diese ab. Artikel 2 der Queensberry-Regeln untersagte eindeutig das Ringen und Festhalten, verbot die physische Vernichtung des zu Boden gegangenen Kämpfers, das Würgen, die Herbeiführung eines K.o. durch Beinstellen, das Niederwerfen des Gegners sowie andere bislang übliche Auswüchse brutalen Schlagens. Damit geriet das Boxen zum eigentlichen Kampf mit den Fäusten, bei Anwendung von neuen Boxhandschuhen der besten Qualität, wie es in Artikel 8 heißt.

An die Stelle der früher gültigen Regeln, dass eine Runde mit dem Niederschlag des Gegners endete und die folgende 30 Sekunden danach zu beginnen hatte, trat die zeitliche Begrenzung einer Runde auf drei Minuten mit einer Pause von einer Minute zwischen den Runden. Nach dem Niederschlag bekam der Zu-Boden-Gegangene zehn Sekunden Zeit, um wieder die Kampfstellung einzunehmen.

Die allmähliche Durchsetzung der Queensberry-Regeln förderte die Entstehung des modernen Boxens; um seine Zukunft machte sich der National Sporting Club in London, der Anziehungspunkt aller herausragenden Boxer, verdient. Viele Boxklubs entstanden im ganzen Land. Boxen fand stürmischen Zulauf des Publikums und die Veranstaltungsstätten schossen wie Pilze aus dem Boden. Eine der bekanntesten wurde der Black Friars Ring, wo die berühmtesten Boxer auftraten. 1909 stiftete Lord Lonsdale die Meisterschaften um den Gürtel der Herausforderer, die in sieben Gewichtsklassen ausgetragen wurden: dem Fliegen-, Bantam-, Feder-, Leicht-, Welter-, Mittel- und Schwergewicht. 1914 folgte die Einführung des Halbschwergewichts.

Zwar bestanden schon seit 100 Jahren Gewichtsklassen, aber sie variierten und waren nicht bindend. England gilt als das Mutterland des modernen Boxens, jedoch nicht nur des Profiboxens. In Abgrenzung dazu breitete sich um die Mitte des 19. Jahrhunderts eine andere Auffassung von Boxen aus, die Boxen als Sport bezeichnete und die Harmonie der Bewegung des menschlichen Körpers, die Demonstration von Geschicklichkeit und Kraft in den Vordergrund stellte. Das Amateurboxen entstand.

Amateurmeisterschaften wurden seit 1867 in drei Gewichtsklassen, dem Leicht-, Mittel- und Schwergewicht nach den Queensberry-Regeln ausgetragen. Eine eigene Organisation wurde geschaffen, um die vielen Boxklubs zusammenzufassen und für alle gültige Regeln zu garantieren. Die Queensberry-Regeln erwiesen sich für die strengen Anforderungen des Amateurboxens als zu primitiv und zu vage und wurden von Boxern und Ringrichtern zu wenig beachtet.

So konstituierte sich auf Initiative einiger Londoner Boxklubs am 25. Februar 1880 die Amateur Boxing Association (ABA), die mit ihrem Regelwerk und ihrem Aufbau zum Vorbild der Amateurboxsport-Organisationen anderer Länger wurde und auch als Initiator der späteren Weltföderation des Amateurboxsports diente. Die Regeln der ABA bilden bis heute die Grundlage für das Amateurboxen, insbesondere die Pflichten der Kampfrichter und die Bewertung der Kämpfe betreffend. Präzise bestimmte man die zu wertenden korrekten Schläge, ebenso die Beurteilung von Angriff und Verteidigung durch eigene Punkterichter.

Boxen setzte sich allmählich auch in anderen Ländern durch. Ende des 18. Jahrhunderts entwickelte sich das Profiboxen in Amerika enorm und überflügelte schließlich sogar das Mutterland England. Ebenso rasch breitete sich in den USA das Amateurboxen in der zweiten Hälfte des 19. Jahrhunderts aus. Anfang des 20. Jahrhunderts konstituierte sich die Amateur-Föderation Frankreichs. Die Briten brachten das Boxen in die englischen Kolonien. In den nordischen Ländern nahm es eine rasche und erfolgreiche Entwicklung. Im zaristischen Russland war es zwar offiziell verboten, dennoch war seine Entwicklung nicht aufzuhalten. Die Olympischen Spiele gaben dieser Sportart weiteren Auftrieb. 1904 war Boxen erstmals Bestandteil des olympischen Programms. Nach einer Unterbrechung im Jahre 1912 gehörte das Boxen ab den Olympischen Spielen 1920 zum traditionellen Programm.

Im selben Jahr formierte sich in Paris die Weltföderation des Boxsports, die FIBA (Federation Internationale de Boxe Amateur), mit I. H. Douglas (England) als ersten Präsidenten und Valentine Barker (England) als Generalsekretär. Nach dem Zweiten Weltkrieg wurde aus der FIBA die AIBA.

Ab 1924 wurden Europameisterschaften im Amateurboxen ausgetragen. Besonders nach dem Ersten Weltkrieg vollzog sich in einigen Ländern die Annäherung von Amateur- und Profiboxen insofern, dass der Amateurboxsport die Nachwuchsschmiede für den Profiboxsport wurde. Damit glichen sich Auffassung, Stil und Austragung des Boxens im Amateurlager zunehmend den Anforderungen des Profiboxens an.

Wie nur wenige Sportarten kann Boxen mit relativ geringem finanziellen Aufwand betrieben und mit geringem Zeitaufwand ein entsprechendes Leistungsniveau erreicht werden.

Bis zu Beginn der 60-er Jahre war die Situation im Profiboxen bei Welt-, Europa- und nationalen Meisterschaftskämpfen und den in den verschiedenen Gewichtsklassen gekürten Meistern einigermaßen übersichtlich. Im TV-Zeitalter wurde das Profiboxen zu einem Millionengeschäft.

Aus Profitgründen setzte eine Aufspaltung in mehr oder weniger bedeutende Weltverbände ein. Zu den führenden gehören: die 1962 gegründete World Boxing Association (WBA), das World Boxing Council (WBC), gegründet 1963, die International Boxing Federation (IBF) und die World Boxing Organisation (WBO), gegründet in den 80-er Jahren.

Frauenboxsport

Nach jahrelangen Verboten und Beschränkungen hat auch das Frauenboxen seinen offiziellen Status im Amateur- und Profiboxen errungen. In Europa begann das Zeitalter des Frauenboxens ab 1995. Die Women International Boxing Federation (WIBF) regelt weltweit das Frauenboxen bei den Berufsboxerinnen.

Eigentlich beginnt die Geschichte des Frauenboxens etwa zur gleichen Zeit wie das Männerboxen im 18. Jahrhundert. Einen der ersten Hinweise auf Frauenboxen gibt es im Jahr 1728 in der englischen Daily Post.

Das Boxen, in seinen englischen Ursprüngen noch als Pugilismus vom Gentlemanboxen fein unterschieden, veränderte sich und schon während die Männer nach dem neuen Regelwerk des Marquess von Queensberry (1867) boxten, gab es auch Boxerinnen. Eine der berühmtesten um 1880 herum war Polly Fairclough, die auch auf Jahrmärkten antrat und dort als Female Champion of the World beworben wurde. Ab 1920 wurden im Berliner Metropol und im Berliner Friedrichstadtpalast Damen-Boxwettbewerbe veranstaltet.

Frauenboxen, auch wenn es um Meisterschaften ging, fand weder in England noch in den USA oder Deutschland unter dem Dach der jeweiligen Profi- oder Amateurverbände statt. Das Fehlen einer institutionellen Absicherung erleichterte die Verdrängung und das später von den jeweiligen Männerverbänden ausgesprochene Verbot. In Deutschland wurde Jahrmarktboxen und damit auch das Frauenboxen 1937 verboten. Nach 1945 wurde an diese Tradition zunächst nicht wieder angeknüpft, zumindest nicht mit sportlichen Ambitionen.

Erst im November 1994 fand wieder ein öffentlicher Nachkriegs-Frauenboxkampf in Deutschland bei den 1. Hamburger Frauensporttagen statt, eine Legalisierung des Amateurboxens erfolgte im Jahr 1996. Vorher machten sich die Verbandsfunktionäre Sorgen um weiblichen Brustkrebs und andere biologische Probleme. Die Argumentation des britischen Verbandes BBBC, die 1998 in dem von Jane Couch angestrengten Arbeitsgerichtsprozess vorgetragen wurde, lautete, Frauen seien aufgrund ihrer Monatsperiode mental instabil und fürs Boxen ungeeignet.

In den USA treten die Kämpferinnen mit einem durch die Kleidung unterstützten Sexappeal in den Ring, sie tragen beispielsweise goldene und vor allem kurze Röckchen, knappe BHs und bieten große Shows. Europäische Boxerinnen hingegen - Prototyp ist Weltmeisterin Regina Halmich - treten sportlich gekleidet mit Wettkampfhose und Sport BH (Brustschutz) in den Ring und verzichten auf die Betonung erotischer Aspekte des Boxsports.

Ein Ausdruck dieser parallel existierenden weiblichen Boxsysteme ist, dass es schon drei Weltverbände im Profiboxen der Frauen gibt, jeder honoriert ein anderes Boxsystem. Ein anderer Ausdruck ist die sportliche Biografie der Kämpferinnen. In Europa kommen sie meist aus dem Kickboxsport, in den USA beginnen sie sofort mit dem Boxen und nur ganz wenige entstammen, wie es bei den Männern am häufigsten vorkommt, der Amateurboxszene.

Das Bild der kämpfenden Frau hat in allen gesellschaftlichen Bereichen an Attraktivität und Akzeptanz gewonnen und gilt nicht mehr als unweiblich. Das Boxen ist nur ein besonders prägnanter Ausdruck dieser gesellschaftlichen Entwicklung mit all ihren Widersprüchlichkeiten. Aber die Zeit bringt mit sich, dass auch Frauen in dieser harten Sportart sehr aktiv sind und sich im Ring behaupten.

Frauenboxen ist seit etwa 10 Jahren in Europa populär und spätestens seit der deutschen Profiboxweltmeisterin Regina Halmich zu einem Trendsport für Frauen geworden. Den größten Anteil an Boxerinnen hat Deutschland mit etwa 25 Prozent Anteil der Frauen in der Amateur- und Profiboxszene.

Besondere Schutzbestimmungen in Statuten und Sportlichen Regeln für Frauen im Boxsport, welche neben der Gesundheitsvorsorge eine Reihe von Schutzmaßnahmen beinhalten, sind unbedingt erforderlich. Die Beibringung einer ärztlichen Bescheinigung, dass keine Schwangerschaft vorliegt, ist für die Ausübung von sportlichen Wettkämpfen unbedingt notwendig.

Gewichtsklassen Profiboxen Frauen:

Strohgewicht	47,2 kg
Jr. Fliegengwicht	49,0 kg
Jr. Bantamgewicht	52,2 kg
Bantamgewicht	53,6 kg
Federgewicht	58,2 kg
Jr. Leichtgewicht	59,0 kg
Jr. Weltergewicht	63,5 kg
Weltergewicht	64,9 kg
Jr. Mittelgewicht	70,0 kg

Mittelgewicht	72,7 kg
Leichtschwergewicht	80,0 kg
Schwergewicht	+ 80,0 kg

Amateurmeisterschaften und Olympische Spiele

 Der Amateurboxsport wird weltweit nach gleichen Regeln und Voraussetzungen ausgetragen. Es gibt Vereinsmeisterschaften, Landes- und Staatsmeisterschaften und alle 4 Jahre Olympische Spiele, an denen Amateurboxer teilnehmen können.

Für die Teilnahme an Olympischen Spielen müssen sich Sportler in ihrer Sportart erst qualifizieren, sei es durch Qualifikationskämpfe oder auch durch Erreichen vorgegebener Zeitlimits. Die Entsendung zu Olympischen Spielen wird national geregelt.

In das moderne olympische Programm wurde Boxen erstmals 1904 in St. Louis aufgenommen. Es nahmen allerdings nur Amerikaner teil, insgesamt 44 in sieben Gewichtsklassen (Fliegen, Bantam, Feder, Leicht, Welter, Mittel und Schwer). Hinzu kamen bis heute Halbfliegen (1968), Halbwelter und Halbmittel (1952), Halbschwer (1920). 1984 wurde das Schwergewicht unterteilt in die Klassen bis 91 kg Körpergewicht (Schwer) und über 91 kg (Superschwer).

In London traten 1908 nur 42 Boxer aus vier Ländern (32 Engländer, sieben Franzosen, zwei Dänen und ein Australier) in nur fünf Gewichtsklassen (Bantam, Feder, Leicht, Mittel und Schwer) an, wobei als einziger Nicht-Engländer der Australier Baker einen Spitzenplatz (Zweiter im Mittelgewicht) errang.

1912 in Stockholm gab es kein olympisches Boxturnier, weil Boxen damals in Schweden verboten war. Von 1920 bis 1948 wurde dann in acht, von 1952 bis 1964 in zehn und von 1968 bis 1984 in elf Gewichtsklassen gekämpft.

Karl Marchart - Manager und Trainer

Karl Marchart war selbst begeisterter Boxer und begann schon im Alter von 12 Jahren mit dem Amateurboxen. Er war Wiener Meister, startete mit 18 seine Karriere als Profiboxer und wurde Österreichischer Meister im Leichtgewicht.

Leider nahm Marchart den Profiboxsport nicht so ernst, wie es sich Manager und Trainer von ihm wünschten. Er sagte von sich, dass er selbst nie ein

Vorbild war, ihn aber der Boxsport ein Leben lang faszinierte.

Karl Marchart erkannte aus seiner eigenen Vergangenheit, dass große Erfolge im Profiboxsport nur mit bedingungslosem körperlichen und geistigen Einsatz zu schaffen waren.

Als er auf den jungen Boxer Hans Orsolics traf, wollte er aus Hansi, dem einfachen Rauchfangkehrer aus Wien, einen Weltstar machen, was ihm letztendlich auch gelang.

Angebot zum Profiboxer

Karl Marchart war auf der Suche nach neuen Talenten und suchte in den Trainingscentern der Amateure gute Nachwuchsboxer. Dabei stieß er auf Jolly Lang, der ihm sofort ins Auge stach. Die Verhandlungen gestalteten sich jedoch schwierig, da Jolly unbedingt wollte, dass auch sein Freund Hansi Profiboxer wurde.

Karl Marchart ließ sich überreden und besuchte zwei Kämpfe des jungen Amateurs Hans Orsolics, just zwei Kämpfe, bei denen Hansi nach Punkten verlor. Karl Marchart war nicht sehr überzeugt und doch hatte er einige Aktionen im Ring gesehen, die ihm gefielen. Der Junge hatte hervorragende Reflexe und vor allem war er Rechtsausleger.

Da Jolly Lang nicht ohne seinen Freund Hansi Profiboxer werden wollte, blieb Karl Marchart schließlich nichts anderes übrig, als auch Hansi in seinen Profiboxstall aufzunehmen. Er würde zwar keine große Karriere machen, war aber Wiener und arbeitete brav als Rauchfangkehrer - ideal für die Zuschauer.

Das Problem bestand nur darin, Hansis Eltern zu überzeugen, dass Hansi seinen Weg als Profiboxer machen würde. Ein schwieriges Unterfangen, das Hansi gemeinsam mit Karl Marchart in der Wohnung der Familie Orsolics überstehen wollte. Die Familie war gegen eine Profilaufbahn von Hansi, vor allem der Vater zweifelte und musste mühsam überredet werden. Doch er wollte Hansis Karriere nicht im Wege stehen, unterschrieb widerwillig die Einverständniserklärung und machte damit seinen Sohn zum Profiboxer.

Es ist noch lange nicht gesagt, dass ein guter Amateurboxer auch zu einem guten Profiboxer wird. Erst wenn eine Reihe von Faktoren - wie Kraft, Ausdauer, Schnelligkeit und Kampfeswille - vorhanden sind und kombiniert eingesetzt werden, ist Erfolg in Aussicht.

Hansi erlernte in den nächsten Monaten Schritt für Schritt den Profiboxsport. Karl Marchart war nicht nur sein Manager, sondern auch sein Trainer. Hansi lernte sich im Ring zu bewegen, die Schläge richtig anzusetzen und somit noch mehr Schlagwirkung zu erzielen.

Beim Sparring brachten ihm ältere Profiboxer die richtigen Tricks und Finten bei, die Profiboxer im Unterschied zu Amateuren einsetzen. Dazu gehört, den

Gegner auf die Schulter auflaufen zu lassen, klammern, davonlaufen im Ring und noch einige andere unfaire Mätzchen. Hansi lernte schnell und begierig und schon bald wollte keiner der älteren und auch schwereren Profis mit Hansi Sparring machen. Hansi schlug hart, zu hart für diese Gewichtsklasse, aber sehr zur Freude seines Managers und Trainers. Karl Marchart erkannte, welch ein Juwel er mit Hans Orsolics gefunden hatte.

Hansi hatte als künftiger Profiboxer alle Voraussetzungen, um Kämpfe zu gewinnen, aber auch alles, um das Publikum zu begeistern. Ein boxender Rauchfangkehrer aus den Reihen des Volkes war die Attraktion und Karl Marchart schlau genug, diese Situation umzusetzen.

Die Vorbereitung zum ersten Profikampf

Bei den Vorbereitungen zum ersten Profikampf musste Trainer Marchart Hansi in seiner Trainingswut bremsen. Er hatte Angst, dass sich Hansi überfordern könnte, so viel und so hart trainierte er. Marchart erstellte einen Trainingsplan, den Hansi strikt einhalten musste. Nicht mehr und nicht weniger trainieren, und doch gezieltes Training für alle Muskelpartien und Kondition.

Das Training im Wienerwald forderte das Letzte von Hansi. Durch den Wald laufen, Holz hacken und tiefe Gruben mit der Schaufel ausheben, waren Bestandteile des Trainings und Hansis Körper reagierte, wie Marchart vorausgesehen hatte - Hansi wurde zum Modellathleten. Das harte gezielte Training hatte vor allem seine Unterarme gestärkt und seinen Schlag noch härter werden lassen. Mit Radfahren im Wiener Prater und Wienerwald trainierte Hansi seine Beinmuskulatur, um damit schnell und beweglich im Ring zu sein.

Hans Orsolics ist zwar Rechtshänder, boxte aber mit der rechten Hand als Führungshand. Ein an und für sich sehr ungewöhnlicher Boxstil, aber wirkungsvoll. Als Rechtshänder konnte Hansi mit der Führungshand besonders hart schlagen und so manchen Gegner damit stoppen. Die linke Schlaghand war genauso gefährlich, jederzeit für einen K.o.-Schlag gut. Nicht einmal 20 Prozent der Boxer sind sogenannte Rechtsausleger und meist im Leben Linkshänder. Rechtsausleger sind im Ring ungleich schwerer zu boxen als Links- oder Normalausleger.

All diese Vorteile erkannte Marchart als versierter Boxtrainer und Manager und bereitete Hansi gewissenhaft auf die erste große Aufgabe als Profiboxer vor - den ersten Profiboxkampf.

Der erste Profikampf

Am 30.7.1965 fand der erste Profikampf des jungen Hans Orsolics statt, just in derselben Veranstaltungsstätte, die er schon mit seinem Vater besucht hatte und wo er die ersten Erfolge als Amateurboxer errungen hatte. Hansis Kindheitstraum, einmal als Profiboxer im Ring zu stehen, wurde erfüllt. Die Zeit als Ministrant schien ihren Zweck erfüllt zu haben. Hansi ging zwar nicht mehr so oft zur Kirche, aber an Gott glaubte er. Vor seinem ersten Kampf machte er, wie in allen folgenden Kämpfen, das Kreuzzeichen, bevor er in den Kampf ging.

Der erste Profiboxkampf über 4 Runden fand im März Ring, im 15. Wiener Gemeindebezirk in der Märzstraße, statt. Es war eine Veranstaltungsstätte, die in der Nachkriegszeit aus Brettern und Überresten zerbombter Häuser zusammengeflickt und repariert wurde. Eine Bretterbude, aber bei jedem Boxkampf bis zum Bersten voll. Der März Ring befand sich in der französischen Besatzungszone, bei den Kämpfen waren aber auch Amerikaner und

Engländer als Zuschauer, Russen nie.

Wetten wurden auf die Boxer abgeschlossen, diskutiert, gestritten und manchmal auch gerauft. Doch der März Ring war ein Symbol des Boxsports, in dem alle damaligen Größen des österreichischen Boxsports auftraten. Viele Boxkarrieren haben im März Ring begonnen, aber auch geendet.

Während der Besatzungszeit fand im März Ring wöchentlich Boxen statt. Aber nicht nur im März Ring, sondern auch im Bayrischen Hof im 2. Bezirk.

Die Besatzungssoldaten hatten eigene Boxstaffeln, es gab englische, französische und amerikanische, die ihre Kämpfe untereinander und gegeneinander bestritten. Im Sog dieser Aktivitäten kamen immer mehr Österreicher, vor allem aber Wiener, zum Boxsport. Die russischen Soldaten hielten nichts davon, in den russischen Zonen waren solche Veranstaltungen verboten. Der Boxsport wurde von den Russen als westliche Sportart bezeichnet, der man wenig Beachtung schenkte.

In den englischen Besatzungszonen Wiens war der Boxsport ein Teil des Militärlebens. Die ganze Woche wurde trainiert und am Wochenende traten die einzelnen Militärstaffeln in allen Gewichtsklassen gegeneinander an. Es wurden Wetten und so manche „Geschäfte" am Boxring abgeschlossen.

Die ganze Familie Orsolics, mit Ausnahme der Mutter, die keinen einzigen Kampf besuchte, war immer am Ring anwesend, wenn Hansi boxte. Die Familie litt bei jedem Treffer, den Hansi erhielt, und jubelte, wenn Hansi die Oberhand im Ring hatte.

Der erste Gegner war der Italiener Mario Batzu. Batzu hatte schon zwei Profikämpfe absolviert, von denen er einen gewonnen und einen unentschieden hatte. Der Kampf fand im Halbweltergewicht bis 63,5 kg statt.

Italienische Boxer sind und waren weltweit als sehr harte Gegner bekannt und nur sehr schwer zu besiegen. Der Boxsport hatte in Italien große Tradition, mit zahlreichen Veranstaltungen an den Wochenenden im ganzen Land. Das Auftreten der italienischen Boxer allein, die selbstsichere Art und das Vertrauen in die eigene Stärke machten es nicht leicht, diese Boxer abzuschätzen. Meist waren Italiener hervorragende Techniker, wenn dann auch noch eine starke Schlagkraft, im Boxen „Punch" genannt, dazukam, waren sie als sehr gefährliche Gegner einzuschätzen.

Während man in der heutigen Zeit einen Profiboxer behutsam aufbaut, das heißt, man lässt ihn nur gegen ausgesuchte Gegner boxen, die er auch sicher schlägt, war es in Zeiten von Hans Orsolics anders. Es waren genug Boxer zur Verfügung, es gab genügend Nachwuchs, so blieben von den Besten nur die Besten übrig - aber Hans Orsolics war einer davon.

Beim ersten Kampf, gleich gegen einen Italiener, war Hansi furchtbar nervös. Seine Hände zitterten, als ihm Trainer Marchart das erste Mal die Hände für einen richtigen Profikampf bandagierte. Die Bandagen wurden geklebt, waren hart und schnürten die Hände ein. Aber zur Faust geballt war die Hand hart wie Stein. Die Bandagen verhinderten, dass sich der Boxer beim Schlag Hand oder Gelenk brach. Der Handschuh dämpfte die harte Wirkung des Schlages nur wenig.

Die Boxhandschuhe der damaligen Zeit waren nicht mit hochwertiger Kunststofffüllung versehen wie Fabrikate aus der heutigen Zeit. Die Handschuhe waren aus dickem Rindsleder und die Füllung bestand aus Rosshaar. Haare vom Pferdeschwanz wurden zu einer Art Schutzmatte in den Boxhandschuh eingearbeitet, die den Schlag der Faust dämpften. Es kam vor, dass schlitzohrige Trainer die Handschuhe etwas „nachbearbeiteten", um so eine höhere Schlagwirkung zu erreichen. Darum werden Boxhandschuhe und Bandagen vor dem Kampf kontrolliert, um Manipulationen vorzubeugen. Bei normalen Kämpfen kontrolliert der Ringrichter, bei Titelkämpfen der Delegierte des Boxverbandes.

Während Hansi die Hände bandagiert wurden, wanderten seine Gedanken bereits zum Gegner und den bevorstehenden Kampf. Trainer Marchart hatte ihm genau gesagt, wie er den Kampf führen sollte. Er sollte vor allem auf die Schlaghand des Gegners achten und immer die Deckung oben behalten.

Die Deckung oben behalten heißt, man deckt mit beiden Händen Kopf und Körper ab. Immer die Deckung oben behalten, das hatte ihm Trainer Marchart hundertmal vorgesagt.

Die Kabinen des damaligen März Rings waren mit

den heutigen nicht zu vergleichen. Es waren einfache Räume zum Umziehen, ein paar Kübel Wasser, es roch nach Schweiß und Moder, aber das alles nahm Hansi nicht wahr.

Vor dem Kampf wurden alle Boxer von einem Arzt untersucht. Die Untersuchung war einfach und bestand aus kurzem Abhören der Atemwege, der Frage des Arztes, ob alles in Ordnung wäre und sich der Boxer gesund fühlte. Damit war der Boxer kampftauglich und konnte zu seinem Kampf antreten.

Nach dem Bandagieren der Hände kam das Aufwärmtraining. Dieses ist für den Boxer sehr wichtig und kann kampfentscheidend sein. Der Trainer muss entscheiden, wann der Boxer so weit aufgewärmt und kampfbereit ist, um in den Ring zu steigen. Der Trainer muss dabei auf den Adrenalinspiegel, die Aggressivität und auch auf die Nervosität des Boxers achten.

Hansi war bereit zum Kampf. Sein erster Profikampf - wie sehr hatte er sich das gewünscht. Er dachte an die Zeit als Ministrant, als er in der Kirche stand und die Heiligen dort um Hilfe ersuchte, Profiboxer zu werden. Diese Heiligen würden ihm bestimmt weiter helfen und zu ihm stehen.

Mit diesen Gedanken gestärkt verließ Hansi die Umkleidekabinen und ging in Begleitung von Trainer Marchart und Freund und Betreuer Jolly Lang zum Ring. Jolly trug ein Handtuch, einen Kübel mit einem Fetzen und eine Wasserflasche.

Hansi ging durch die johlende Menge, ein paar Männer, die ihn kannten, klopften ihm auf die Schulter. Dann sah er seinen Vater, seine Brüder und Erika, seine Schwester. Sie saßen in der ersten Reihe, gleich in Hansis Ringecke.

Hansi kletterte durch die Ringseile. Die Seile waren alt und verschlissen, hatten wenig Spannung, aber darauf achtete er nicht. Er lockerte die Schultern und hüpfte leicht am Stand, während ihm Trainer Marchart die letzten Instruktionen erteilte. „Lass die Deckung oben, …"

Im Blitzlichtgewitter zahlreicher Kameras betrat der Neoprofi Hans Orsolics den Ring, bekreuzigte sich und begann seinen ersten Kampf.

Auch der Ringrichter bestieg den Ring, holte beide Boxer zur Ringmitte, letzte Unterweisungen und dann war es so weit. Der Gong zur ersten Runde.

Hansi ging, die Hände zur Deckung erhoben, auf den Gegner zu. Der Italiener streckte ihm die Führungshand zum „Shakehands" als freundschaftliche Begrüßung am Beginn der ersten Runde entgegen. Eine kurze Berührung der Boxhandschuhe und der Italiener ging schon in Kampfstellung. Er machte ein paar Schritte zur Seite, wollte Hansis Rechte, dessen Führungshand, umgehen. Der Italiener schlug ein paar Schläge mit seiner Führungshand, der Linken. Die Schläge gingen in Hansis Deckung, der nun zum Angriff überging.

Er vergaß alles, was ihm Trainer Marchart gesagt hatte, und deckte den Italiener mit einer Serie von Schlägen ein, ohne auf seine eigene Deckung zu achten.

Hansis schwere Schläge durchbrachen die Deckung des Italieners, er musste Treffer um Treffer nehmen. Ein schwerer Haken riss ihn schließlich von den Beinen, er fiel rücklings auf die Bretter. Hansi sah wie in Trance den Gegner am Boden. Wie durch einen Nebel hörte er Trainer Marchart schreien: Hansi, in die neutrale Ecke, in die neutrale Ecke! Er ging die paar Schritte und dann hörte er den Ringrichter zählen: 4, 5, 6 … der Gegner liegt noch immer am Boden … 7, 8, 9, AUS. Der Ringrichter riss die Arme hoch und der Kampf war aus.

Nach nicht einmal einer Minute Kampfzeit hatte Hans Orsolics seinen ersten Gegner vernichtend k.o. geschlagen. Er begriff mit einem Mal, dass er endlich am Ziel seiner Träume angekommen war. Er wusste, jetzt war er Profiboxer und keiner konnte ihn schlagen. Er fühlte sich mächtig und stark. Er konnte alle besiegen.

Ein unbeschreiblicher Trubel folgte, Hansi wurde gefeiert wie ein Held. Der Vater und die Geschwister kamen in die Umkleideräume, gratulierten und freuen sich, dass ihr Hansi gewonnen hatte.

Hansi hatte seinen ersten Profikampf, gleich dem ersten Amateurkampf, in der ersten Runde durch K.o. gewonnen.

Obwohl nach dem schweren K.o. des Gegners ein Lächeln über das Gesicht Karl Marcharts huschte, gab es in der Kabine Vorwürfe für Hansi. Er hatte sich nicht an die Vorgaben des Trainers gehalten und die Deckung sträflich vernachlässigt.

Dies änderte jedoch nichts am Sieg Hansis in seinem ersten Kampf und damit dem Beginn einer außergewöhnlichen Karriere über zehn Jahre.

Mit dem ersten Sieg als Profiboxer im Ring war Hans Orsolics zum uneingeschränkten Idol von Kaisermühlen aufgestiegen. Kaisermühlen war wie ein Dorf, jeder kannte jeden und alle kannten Hans Orsolics, den Profiboxer.

Die Leute auf der Straße grüßten Hansi, die Zeitungen waren voll mit Berichten vom ersten Erfolg des boxenden Rauchfangkehrers, ältere Männer klopften Hansi anerkennend auf die Schultern und wünschten ihm weiterhin Erfolg. Die Mädchen himmelten ihn an, wo immer er welche traf. Hansi war wie der Prinz aus Kaisermühlen, jung und erfolgreich. Junge Burschen und alte Freunde scharten sich um Hansi. Es war eine Ehre, sich mit ihm zu zeigen, ihn als Freund bezeichnen zu dürfen.

Wenn Hansi am Abend durch die Lokale von Kaisermühlen zog, hatte er einen Hofstaat um sich, der ihn verehrte und ihm zujubelte. Kaisermühlen war das Reich des jungen Hans Orsolics. Aber nur in Kaisermühlen zu sein, war auf die Dauer langweilig, es gab Dutzende gute Lokale in der Innenstadt von Wien, wo der junge Hans Orsolics bald genauso bekannt war wie der Wiener Bürgermeister. Hansi zog gerne mit einer Bande von Freunden durch die Innenstadt von Wien, immer dabei Jolly Lang, der genau wie Hansi Profiboxer im Boxstall von Karl Marchart war.

Bei ihren Streifzügen durch diese Lokale trafen Hansi und Jolly einige Male auf Stänkerer, die die beiden kleinen Boxer belächelten und manchmal auch beschimpften. Sogenannte „Platzhirsche" in den Lokalen wollten sich mit den beiden kleinen Profiboxern messen und Hansi und Jolly hatten so manchen Kampf zu bestreiten. Nicht dass es ihnen missfiel, im Gegenteil, es machte ihnen Spaß zu raufen, wie in der Jugend in Kaisermühlen. Ein altbewährtes, kampferprobtes Duo, sehr zum Missfallen der Wiener Polizei, welche einige Streitereien und Kämpfe schlichten musste. Oft gelang es nur mehr der Polizei, die beiden in Rage gebrachten Boxer zu beruhigen. Mit einer kleinen Geldstrafe konnte man aber im damaligen Wien dem Gesetz Genüge tun, saßen doch höchste Polizeibeamte bei den Boxkämpfen am Ring. Die Polizisten selbst waren begeisterte Boxfans und hatten oft Verständnis für die jungen Boxer.

Eine Szene in einer Wiener Innenstadtdiskothek. Ein über hundert Kilo schwerer Stemmer aus Favoriten, er war mehrfacher Vereins- und Bezirksmeister im Stemmen, ging zu Hansi und Jolly, die mit Mädchen an einem Tisch saßen. Er musterte die beiden abfällig und sagte in breitem Wiener Dialekt: „Hearst, ihr zwa Goartenzweag sads Boxa … eich hau i olle zwa durch Sun und Mond." Hansi stand auf, Jolly blieb sitzen und lachte. Die Mädchen am Tisch hatten Angst.

Der Stemmer stellte sich mit einem breiten Grinsen vor Hansi und sagte: „Di moch i mit ana Watschn bewusstlos, du klana Trottl." Er holte mit seiner rechten Hand aus und … fiel von einem schweren linken Haken getroffen rücklings auf den Boden, krachte mit dem Hinterkopf auf und blieb reglos liegen.

Die Mädchen schrien entsetzt auf, die Musik hörte auf zu spielen und das Licht in der Diskothek ging an.

Hansi stand mit hängenden Armen und schaute ungläubig staunend auf den reglos am Boden liegenden Muskelprotz. Das hatte er eigentlich nicht gewollt. Wehren schon, aber wehtun wollte er ihm nicht. Jolly johlte und hob das Glas hoch, er prostete Hansi zu und leerte sein Glas mit einem Zug.

Dann kamen die Türsteher der Diskothek, der Geschäftsführer und viele Leute standen um Hansi und um den am Boden liegenden Stemmer aus Favoriten. Es dauerte Minuten, bis sich der Stemmer erholte und auf die Beine kam. Er taumelte und musste gestützt werden. Blut rann ihm aus dem Mund und aus einer Platzwunde am Hinterkopf. Eine Serviererin brachte ein Geschirrtuch, mit dem sich der Stemmer das Blut aus dem Gesicht wischte und dann auf die Platzwunde auf dem Hinterkopf drückte.

Irgendjemand im Lokal schrie nach Rettung und Polizei und Hansi kam mit einem Mal die Erkenntnis, dass er Probleme bekommen würde. Er wandte sich an den Stemmer und sagte, dass es ihm leid täte. Der Stemmer meinte: „Lass guat sein, Oida, i bin söba schuld, i hätt net mit dir andrahn dürfn. Trink ma wos und vergess ma des Gaunze. I brauch ka Rettung und die Heh (Polizei) a net."

Damit war die Sache bereinigt, der Stemmer zahlte ein paar Runden, der Diskothekenbesitzer ebenfalls und man feierte gemeinsam als Freunde bis in die frühen Morgenstunden.

Kapitel 4

Erfolge als Profiboxer
Kämpfe und Kampfrekorde

Der harte Weg zur Europameisterschaft - Profikämpfe 1965-1967

Karl Marchart war anfänglich nicht ganz von Hansis Qualitäten als Profiboxer überzeugt, ließ sich jedoch rasch eines Besseren belehren. Er trainierte hart mit Hansi und gewann selbst nach und nach die Überzeugung, dass dieser boxende Rauchfangkehrer größeren Aufgaben gewachsen war.

Zur damaligen Zeit waren die unteren Gewichtsklassen bestens besetzt, es gab sowohl in der Europa- aber auch in den Weltranglisten jede Menge Spitzenboxer, viele mit Kampfrekorden ohne verlorenen Kampf. Sich gegen diese Leute im Ring durchzusetzen, war nicht leicht. Die Konkurrenz war sehr groß.

Die Boxer hatten andere Werte und Vorstellungen als Boxer heutzutage. Für viele war Boxen wie eine Religion, die es zu perfektionieren galt.

Schon am 3.9.1965 hatte Karl Marchart den zweiten Gegner für Hansi im Ring. Es war der Deutsche Josef Metz, mit 4 Profikämpfen, davon 2 Siege, 1 Kampf verloren und 1 Unentschieden. Siegessicher bestieg Metz den Ring, der kleine Rauchfangkehrer aus Wien sollte seinen Kampfrekord aufbessern. Der Kampf war auf 6 Runden angesetzt.

Von Beginn weg hatte es Hansi schwer, mit dem aggressiven Stil des Deutschen klarzukommen, und in der zweiten Runde passierte das Malheur. Ein rechter Haken des Deutschen erwischte Hansi und er war schwer angeschlagen, torkelte im Ring und konnte sich kaum auf den Beinen halten. Er wurde zwar nicht angezählt, doch der Kampf schien verloren. In der Pause zur dritten Runde sah Marchart, dass Hansi die dritte Runde nicht überstehen würde, ein schweres K.o. stand bevor. Hansi war schwer angeschlagen, die Augen glasig, die Reflexe zu langsam. Hansis Chancen, den Kampf ohne K.o.-Nie-

Hansi mit Jolly Lang beim Lauftraining im Wiener Prater

derlage zu überstehen, waren gleich Null.

Bevor Hansi in die dritte und wahrscheinlich für ihn letzte Runde des Kampfes ging, gab ihm Trainer Marchart einige Anweisungen, vor allem die Deckung oben zu behalten. Dann ging Hansi in die dritte Runde. Obwohl schwer angeschlagen und etwas wackelig auf den Beinen, überstand er sie und auch die vierte Runde, lag aber nach Punkten eindeutig hinten. Der Kampf schien verloren.

Niemand rechnete jedoch mit dem Kämpfer Hans Orsolics, der mit Willenskraft schaffte, was er sich vornahm. In der 5. Runde griff der Deutsche wieder ungestüm an, Schlag um Schlag prasselte auf Hansi. Und dann ein blitzschneller Konter, mit dem niemand gerechnet hatte. Drei, vier harte Schläge zum Kopf von Metz und Metz war am Boden, schwer k.o. Hansi gewann in einer wahren Ringschlacht, sehr zur Begeisterung des Publikums, den Kampf in der 5. Runde durch K.o. Die schmerzliche Erfahrung war, dass es im Profiboxsport weit härter zugeht, als Hansi geahnt hatte. Die schweren Treffer des Deutschen kosteten viel Substanz.

Karl Marchart war davon unbeeindruckt und gönnte Hansi keine Pause. Schon elf Tage nach dem schweren Kampf war der nächste Profikampf für den 14.9.1965 in der Stadthalle in Wien fixiert. Der Gegner, ein Italiener mit Namen Natale di Manno, hatte 3 Profikämpfe, davon 1 gewonnen, 1 verloren und 1 unentschieden. Obwohl Italiener allgemein als sehr harte Gegner gelten, ging di Manno in der 4. von 6 angesetzten Runden k.o. und Hansi feierte seinen 3. Sieg, besser gesagt seinen 3. K.o.-Sieg als Neoprofi.

Ein Monat später, am 15.10.1965, der Kampf gegen den Belgier Pierre Tirlo, einen schon sehr erfahrenen Boxer mit 16 Profikämpfen, davon 5 gewonnen, 10 verloren und 1 unentschieden. Der Kampf in der Wiener Stadthalle ließ die Halle toben, Hansi kämpfte, wie es das Publikum von ihm wollte, und schlug den Belgier in der 5. Runde k.o. Es war der 4. Kampf und der 4. K.o.-Sieg.

Am 1.12.1965 folgte der Kampf über 6 Runden gegen den Hamburger Hans Peter Schulz. Dieser hatte 17 Profikämpfe, davon 2 gewonnen, 10 verloren und 5 unentschieden. Schulz ging in der 2. Runde k.o. Der 5. Kampf und 5. K.o.-Sieg.

Nach einer Pause von 3 Monaten kam es am 11.3.1966 zum nächsten Kampf über 6 Runden gegen den Dänen Teddy Lassen mit einem Kampfrekord von 18 Kämpfen, davon 13 gewonnen und 5 verloren. Es war der schwerste Brocken in der kurzen Profikarriere von Hans Orsolics. Lassen war dänischer Profimeister im Halbweltergewicht und niemand gab Hans Orsolics gegen diesen starken Gegner eine Chance.

Der Däne war ein schwieriger Gegner, schlug selbst hart, hatte aber letztendlich gegen Hansi keine Chance und musste in der 6. Runde mit einem technischen K.o. den Kampf aufgeben. Lassen beendete nach dem Kampf gegen Orsolics seine Karriere, Hansi hatte im 6. Kampf den 6. K.o.-Sieg. Alle Zeitungen Österreichs berichteten über den jungen Profiboxer Hans Orsolics, der den dänischen Vollprofi in 6 Runden regelrecht zerlegte, bis der dänische Trainer Mitleid mit seinem Schützling hatte und das Handtuch warf - Aufgabe, Sieg durch technisches K.o. Hansi selbst sagt, dass dies einer seiner besten Kämpfe war.

Der nächste Gegner war Frans Meganck aus Belgien, der Kampf am 15.4.1966 in Wien. Er hatte 8 Profikämpfe, davon 6 Siege, 1 Mal Kampf verloren und 1 unentschieden. Meganck hatte alle seine 6 gewonnenen Kämpfe nach Punkten gewonnen und war auch bei seinen anderen beiden Kämpfen über die Runden gegangen. Gegen Hans Orsolics erhielt er sein erstes K.o. in der 3. von 8 angesetzten Runden. Hansi traf ihn in der 3. Runde mit einem linken Haken, der so wuchtig war, dass es den Belgier zu Boden riss und er einen Drehbruch des Schienbeins erlitt. Der Belgier wurde mit lauten Schmerzensschreien aus dem Ring getragen. Der 7. Kampf, der 7. K.o.-Sieg.

Mit dem Deutschen Karl Furcht kam ein Vollprofi als Gegner. Furcht war deutscher Meister und hatte schon 37 Profikämpfe mit 15 Siegen, 14 Niederlagen und 8 Unentschieden.

Am 13.5.1966, einen Tag vor Hansis 19. Geburtstag, fand der über 8 Runden angesetzte Kampf in Wien statt. Karl Marchart wollte mit Furcht, einem sehr erfahrenen Profiboxer, testen, wie sich Hansi im Ring verhalten würde. Furcht kannte alle Tricks im Ring, was ihm allerdings nichts nützte. Hansi schlug ihn bereits in der 3. Runde schwer k.o. Der 8. Kampf, der 8. K.o.-Sieg.

Der Kampf am 7.6.1966 gegen Jarmo Bergloef aus Finnland, 16 Profikämpfe, 9 Siege, 2 Niederlagen und 5 Unentschieden, über 8 Runden nahm ein schlechtes Ende. Hansi erlitt in der 3. Runde eine Cutverletzung durch einen unabsichtlichen Kopfstoß und der Kampf musste in der 4. Runde wegen starker Blutungen der Verletzung abgebrochen werden. Hansi verlor seinen 9. Kampf unglücklich durch ein technisches K.o. Noch im Spital schwor Hansi Revanche, er konnte die Niederlage nicht so einfach hinnehmen - Boxerehre. Überdies hatte Hansi alle Runden bis zum Abbruch klar für sich entscheiden können und wusste, dass er besser war.

Das Bundesheer holte Hansi am 4.7.1966 zum Präsenzdienst, für neun lange Monate. Die Grundausbildung und das Bundesheer beeinträchtigten sowohl das Training als auch Hansis Gewicht und die Kondition. Während Trainer Marchart versuchte, den Boxstil Hansis zu verfeinern, hatte dieser seine eigenen Ideen und wollte selbst seinen Kampfstil bestimmen. Bedingt durch das Bundesheer konnte er auch seine Trainingstermine oft nicht einhalten, sehr zum Missfallen von Trainer Marchart.

Vielleicht durch die Cutverletzung gegen Jarmo Bergloef etwas vorsichtiger boxend, besiegte Hansi in seinem 10. Kampf am 6.9.1966 den Italiener Franco Rosini, der immerhin bereits 63 Profikämpfe mit 29 Siegen absolviert hatte, in einem 8 Runden-Kampf souverän und gewann nach Punkten. Die gan-

ze Kaserne und die Offiziere feierten Hans Orsolics als Helden.

Der verlorene Kampf gegen den Finnen Jarmo Bergloef ärgerte Hansi und er drängte Karl Marchart, ihn noch einmal gegen diesen boxen zu lassen. Am 4.12.1966 gab es in Wien eine Revanche über 8 Runden, in denen Hansi den Finnen ausboxte und klar nach Punkten gewann. Die Revanche war gelungen und Hansis Ehre wiederhergestellt.

Am 31.12.1966 passierte Hansi ein Missgeschick. Er brach sich beim Fußballspielen den Knöchel, konnte einige Zeit gar nicht trainieren und dann nur sehr eingeschränkt. Vor allem das Konditionstraining wurde vernachlässigt.

Ende März rüstete Hansi vom Bundesheer ab und wollte sich nunmehr voll und ganz auf seine weitere Karriere als Profiboxer konzentrieren. Er trainierte verbissen, vor allem um das Gewicht von 63,5 kg bringen zu können. Hansi wurde mit seinen 19 Jahren langsam zum Mann und sein Körper legte Muskeln und vor allem Gewicht zu. Für Hansi wurde es immer schwieriger, das Halbweltergewicht zu bringen. Trotzdem folgte er den Anweisungen von Trainer Marchart und hielt das Gewicht, so gut es ging. Die letzten Wochen vor den Kämpfen waren besonders hart: tägliches Training und wenig Kalorien und Flüssigkeit, um das Gewichtslimit zu bringen.

Am 9.5.1967 stand der nächste Gegner im 12. Kampf mit Klaus Jacoby, Rechtsausleger aus Hamburg, fest. Jacoby hatte 9 Kämpfe, davon 5 Siege, 2 Niederlagen und 2 Unentschieden. Der Kampf war über 10 Runden angesetzt, die erste lange Kampfdistanz, eigentlich eine Vorbereitung für eine Meisterschaft. Die beiden Rechtsausleger lieferten einen spannenden Kampf über die gesamte Kampfdistanz und Hans Orsolics gewann einstimmig nach Punkten.

Der erste Titelkampf - Europameisterschaft

Karl Marchart verfolgte insgeheim schon länger den Plan, Hans Orsolics gegen den amtierenden Europameister Conny Rudhoff aus Deutschland um den Titel des Europameisters antreten zu lassen. Marchart war sich sicher, dass Hansi Rudhoff schlagen könnte, konnte aber niemand davon überzeugen. Der Boxverband, damals noch der ÖBBV, sowie alle Boxsportkenner und Zeitungen waren gegen den Kampf, niemand gab Hansi auch nur die geringste Chance.

Boxeuropameister
1967 und 1969

Conny Rudhoff war 33 Jahre alt, jahrelang ungeschlagener deutscher Meister mit einem Kampfrekord von 74 Kämpfen, davon 64 Siege, 6 Niederlagen und 4 Unentschieden. Als Amateur hatte er 180 Kämpfe im krassen Unterschied zu Hansis 27 Kämpfen aufzuweisen.

Den Europameistertitel hatte Rudhoff am 1.2.1967 gegen den Finnen Olli Maki über 15 Runden nach Punkten gewonnen und schon erfolgreich gegen den Deutschen Karl Furcht und den Amerikaner John White verteidigt. Rudhoff hatte Karl Furcht in der 5. Runde durch K.o. besiegt, Hansi hatte Furcht bereits in der 3. Runde durch K.o. geschlagen. Marchart erkannte als Trainer sehr wohl, dass Hansi Rudhoff schlagen könnte. Es war zwar ein Risiko, aber die Chancen standen etwa 50 : 50.

Tage vor dem Kampf herrschte Aufregung in Wien. Karl Marchart wurde öffentlich beschuldigt, Hansi ins Feuer zu schicken. Die Presse war gegen Karl Marchart und den Kampf, Marchart wurde als Größenwahnsinniger bezeichnet und beschimpft.

Dennoch, Karl Marchart ließ sich von seinem Vorhaben nicht abbringen und nahm heimlich Kontakt mit Rudhoff und dessen Manager auf. Diese glaubten an leicht verdientes Geld und nahmen den Kampf an.

Am 6.6.1967 fand der Kampf der Kämpfe in der Wiener Stadthalle statt - Europameisterschaft Conny Rudhoff gegen den erst 20-jährigen Hans Orsolics. Wahrscheinlich war Karl Marchart der Einzige, der an einen Sieg gegen Rudhoff glaubte.

Die Stadthalle in Wien war bis auf den letzten Platz ausverkauft, alle wollten den Kampf sehen. Hansi selbst war sich seiner Sache sicher. Er würde gewinnen und war dennoch fürchterlich nervös. In der Garderobe wärmte er sich für den Kampf auf und erhielt letzte Instruktionen von Trainer Marchart. Auch sein bester Freund Jolly Lang war da und absolvierte mit Hansi ein letztes Schlagtraining vor dem Kampf.

Die Hände waren bereits bandagiert, die ärztliche Kontrolle vorbei, als der Delegierte des Boxverbandes Hansis Garderobe betrat. Er prüfte die angelegten Bandagen, fragte, ob alles in Ordnung sei, und sagte, dass der Kampf bald beginnen würde. Die Handschuhe werden bei einem Europameisterschaftskampf erst im Ring angelegt, der Ringrichter und der gegnerische Trainer können vor dem Kampf die Bandagen des Gegners überprüfen.

Schon beim Verlassen der Garderobe gab es ein Blitzlichtgewitter. Zahlreiche Reporter waren gekommen, um den Untergang des jungen Hans Orsolics in Bild und Wort festzuhalten. Manager Marchart hatte sich einen besonderen Gag ausgedacht: 12 Rauchfangkehrer in Berufskleidung eskortierten Hansi zum Ring. Wenn das kein Glück brachte!

Als Hansi die Stadthalle betrat, tobte das Publikum. Hansee, Hansee, tönte es wie aus einem Chor. Obwohl niemand an einen Sieg dachte, feuerten alle ihren Hansi an. Inmitten von Freunden - alle wünschten noch alles Gute und klopften Hansi auf die Schultern, umringt von seinen Rauchfangkehrerkollegen - erreichte Hansi den Ring. Als Herausforderer musste er als Erster in den Ring, erst dann kam der Europameister, ebenfalls unter lautem Gejohle und Pfiffen.

Schon der Gang Rudhoffs zum Ring dokumentierte, dass es keine Frage gab, wer den Kampf gewinnen würde. Er war sich seiner Sache ganz sicher, er empfand den jungen Neuling Orsolics als Fallobst, als leichte Art, Geld zu verdienen. Er würdigte Orsolics keines Blickes, er würde ihn im Ring auch nicht lange ansehen müssen, sondern so schnell als möglich k.o. schlagen, dachte er.

10.000 Zuschauer in der Wiener Stadthalle tobten, als der Kampf begann. Über hundert Journalisten standen am Ring und in Ringnähe, die Kamera bereit für das K.o. von Hans Orsolics.

Der Kampf war auf 15 Runden angesetzt, der erste 15-Runder für Hansi, der erst einmal über 10 Runden gegangen war. 15 Runden bedeuten 45 Minuten reine Kampfzeit, 2.700 Sekunden volle Konzentration und kräfteraubender Kampf. Jede Sekunde aufpassen, dass nicht ein Schlag des Gegners durch die Deckung kommt, aufpassen beim Angriff, jede Konterchance nutzen und selbst Wirkungstreffer anbringen. Der Kampf Rudhoff gegen Orsolics erinnerte irgendwie an den Kampf David gegen Goliath.

Hansi begann die erste Runde gegen den scheinbar übermächtigen Gegner vorsichtig und wirkte eher etwas nervös. Dennoch bestand er gegen Rudhoff und konnte auch so manchen Schlag anbringen. Die erste Runde endete mit Unentschieden.

In der zweiten Runde boxte Hansi zu defensiv, musste einige Treffer hinnehmen und Rudhoff konnte die zweite Runde für sich entscheiden.

Die dritte Runde war ähnlich der ersten Runde, aber allmählich begannen sich alle zu wundern, wie der eher unerfahrene Hans Orsolics dem Vollprofi Rudhoff Paroli bot.

In der Pause vor der vierten Runde gab Marchart Hansi den Auftrag, offensiver zu boxen. Er sollte versuchen, den Europameister anzugreifen.

Beginn der vierten Runde, der Gong. Hansi stürmte auf Rudhoff los, deckte diesen mit Schlagkombinationen ein und trieb ihn im Ring vor sich her. Die Stadthalle tobte, die Menschen schrien Hansis Namen. Die Schallkulisse trieb Hansi noch mehr an. Rudhoffs Gesicht schwoll an, er kassierte Treffer um Treffer, hatte aber harte Nehmerqualitäten. Blut rann aus der eingeschlagenen Nase Rudhoffs und nur das Ende der Runde rettete ihn vor einem Niederschlag oder möglichen K.o.

In der Pause zur fünften Runde erholte sich Rudhoff, der Trainer konnte die starke Blutung an der Nase stillen und es ging in die fünfte Runde. Rudhoff konnte den Kampf dank seiner langjährigen Ringerfahrung wieder aufnehmen, kassierte jedoch Treffer um Treffer von Hansi.

Die sechste und siebente Runde verliefen ziemlich ausgeglichen, doch Rudhoff hatte zwischenzeitlich Respekt vor dem hart schlagenden Rauchfangkehrer aus Wien, hielt den Kampf offen und Hans Orsolics auf Distanz.

Die achte Runde war wieder eindeutig die Runde von Hans Orsolics. Er deckte Rudhoff mit Schlagserien ein und erwischte ihn schwer mit einer Rechten. Rudhoff wankte und hielt sich klammernd an Hansi fest. Er war schwer angeschlagen und begann mit unfairen Mitteln zu kämpfen. Er klammerte und schließlich ließ er sich in seiner Not sogar zu einem Kopfstoß hinreißen und zog sich damit eine Ermahnung des Ringrichters zu. Kurz vor Ende der Runde legte Hansi noch einmal richtig los und wieder rettete nur der Gong Rudhoff vor dem sicheren K.o.

Bis zur 15. Runde lieferte Hansi Rudhoff ein Gefecht, das seinesgleichen suchte. Rudhoff griff zwar ungestüm an und wollte ein vorzeitiges Ende des Kampfes herbeiführen, lief aber bei seinen Angriffen immer wieder in die gefährlichen Kontertreffer Hansis.

Hansi hatte Rudhoff bei seinem Europameisterschaftskampf gegen den Finnen Olli Maki gesehen und den Stil Rudhoffs genau studiert. Er registrierte die Stärken und Schwächen Rudhoffs und das kam ihm in diesem Kampf zugute.

Wider Erwarten ging der Kampf über die volle Distanz von 15 Runden und alle warteten nach Kampfende gespannt auf das Ergebnis der Punkterichter. Weder Hansi noch Rudhoff waren sich sicher, gewonnen zu haben, es konnte nur ein knappes Ergebnis werden.

Doch dann die Sensation. Der Ringrichter verkündete den Sieger des Kampfes: Hans Orsolics, nach Punkten. Hansi war der neue Europameister!

Die Euphorie in der Stadthalle war unvorstellbar. Die Zuschauer tanzten auf den Tribünen, jubelten Hansi zu und alle wussten: Hansi ist der Beste.

Conny Rudhoff mokierte sich zwar über das Urteil, beschimpfte Ring- und Punkterichter, doch er war seinen Europameistertitel los. Bei Interviews gab Rudhoff gegenüber Reportern dann zu, diesen Rauchfangkehrer aus Wien gründlich unterschätzt zu haben. Er hatte nicht mit einem so starken Gegner gerechnet.

Hansi war glücklich, ein unvorstellbares Glücksgefühl durchflutete ihn, während er erschöpft von 15 Runden Kampf in der Kabine auf der Bank saß. Er war ausgepumpt, hatte 2.700 Sekunden lang alles gegeben - und gewonnen. Die Rauchfangkehrer, die ihn zum Ring begleitet hatten, trugen „ihren Hansee" auf den Schultern zurück in die Kabine, die Polizei bahnte den Weg durch die johlende Menge.

Dann kamen die Glückwünsche. Jeder wollte Hansi persönlich gratulieren, jeder Reporter ein Interview und Fotos. Hansi war an diesem Abend nicht nur der Mittelpunkt Wiens, sondern von ganz Österreich. Unser Hansi war Europameister!

Für Karl Marchart war es eine Genugtuung, den Reportern stolz einen neuen österreichischen Europameister präsentieren zu können. Er hatte recht behalten. Die Herren vom Boxverband gratulierten besonders herzlich und alle waren sich einig, gewusst zu haben, dass Hansi gewinnen würde.

In den nächsten Tagen war die österreichische Presse voll mit Bildern und Berichten über den Kampf, Reporter drängten um Interviewtermine und Hansi war der Mittelpunkt der europäischen Sportpresse. Eine Sensation, unvorstellbar - wie auch immer die Presse den Erfolg titulierte, ein neuer Star des europäischen Boxsports war geboren.

Mit diesem Sieg in seinem 13. Kampf und dem Europameistertitel änderte sich auch das Leben von Hans Orsolics. Aus dem einfachen Rauchfangkehrer war mit einem Mal ein international bekannter Star geworden. Jeder auf der Straße erkannte Hansi, sprach ihn an, gratulierte ihm, klopfte ihm anerkennend auf die Schultern oder gab ihm Ratschläge, wie er noch besser boxen könnte. Viel Ruhm und Ehre für einen einfachen, liebenswerten Buben aus Wien, den Rauchfangkehrer aus Kaisermühlen.

Mit dem Ruhm kamen auch Freunde, viele Freunde. Heute kann man sagen: zu viele. Täglich kamen Einladungen zu Partys, Veranstaltungen und Feiern. Einfach zu viel Rummel für einen Boxer, der asketisch leben sollte und tägliches Training zu absolvieren hatte. Hansi

wurde einfach wie in einem Strom mitgeschwemmt und war zu unerfahren in der Gesellschaft, in der er mit einem Male verkehrte. So hart und erfahren er im Boxring war, so weich und unbeholfen verhielt er sich im normalen Leben.

Im Sog der Gesellschaft verlor sich Hansis Leben, er kündigte seinen Beruf als Rauchfangkehrer, denn die Börse des Europameisterschaftskampfes war nach Abzug der Managerprozente noch immer recht beachtlich. Außerdem war er jetzt Europameister und die nächste Titelverteidigung würde wieder einen Batzen Geld bringen.

Karl Marchart gefiel Hansis lockeres Gesellschaftsleben weniger, wusste er doch um die Gewichtsprobleme und hatte schon die Titelverteidigung im Auge. Als Hansi wegen anderweitiger gesellschaftlicher Verpflichtungen nicht zum Training erschien, kam es zum Streit und Hansi verließ wütend das Trainingscenter. Er brauchte dringend Ruhe, Ausspannen und echte, ehrliche Freunde um sich. Und die fand Hansi nur in seiner Heimat, in Kaisermühlen. Einen echten Wiener zieht es immer wieder an den Ursprung seiner Kindheit und Jugend zurück. Jeder Bezirk in Wien hat seine Eigenheiten und sein eigenes Flair. Ein Wiener kann verstehen, was damit gemeint ist.

Am 15.9.1967 wurde Hans Orsolics für seine sportlichen Erfolge vom Wiener Bürgermeister Marek öffentlich geehrt. Der Bürgermeister war, wie viele Prominente und Politiker, ein großer Fan des Boxsports und bei Hansis Kämpfen immer am Ring zu sehen.

Am 11.7.1967 war Abderamane Faradji Gegner Hansis in einem Vorbereitungskampf, der Kampf endete mit einem technischen K.o. Faradjis in der 6. Runde.

Die erste freiwillige Titelverteidigung

Nach Erringen des Europameistertitels bestand für Hansi die Möglichkeit, seinen Titel zwei Mal freiwillig zu verteidigen, bevor er eine Titelverteidigung gegen den Zweitplazierten in der Rangliste annehmen musste, die sogenannte Pflichtverteidigung. Der Zweitplazierte und Herausforderer war der Italiener Bruno Arcari, mit 21 Kämpfen, davon 19 Siegen und 2 verlorenen Kämpfen. Er wurde in Italien richtiggehend verehrt und der italienische Verband setzte nicht unberechtigt große Hoffnungen auf ihn.

Noch während Hansi überschwänglich feierte, suchte Marchart in den ersten Tagen des Triumphes bereits nach einem Gegner für Hansis Titelverteidigung und fand ihn in dem Spanier Juan Albornoz, mit dem Kämpfernamen „Sombrita". Der Spanier hatte einen Kampfrekord von unglaublichen 75 Profikämpfen, davon 66 gewonnen, 6 verloren und 3 unentschieden. „Sombrita" bedeutet „der Schatten" und stammte von einem großen Feuermal im Gesicht von Albornoz.

Albornoz war Hans Orsolics eigentlich in allem überlegen. Er hatte eine längere Reichweite, bewegte sich besser im Ring und hatte eine hervorragende Führungshand, mit der er hart und zielgenau zu schlagen und zu treffen wusste. Allerdings war der Spanier kein K.o.-Schläger, er hatte seine Kämpfe überwiegend nach Punkten gewonnen.

Der Spanier war sich wie Rudhoff sicher, den kleinen Rauchfangkehrer, wie Hansi noch immer genannt wurde, auszuboxen und sich den Titel zu holen. Er war um 15 Jahre älter und hatte ungleich mehr Kampferfahrung im Ring als Hansi.

Hansi hatte die Sommermonate relativ locker hinter sich gebracht, vielleicht ein wenig zu viel gefeiert und zu wenig trainiert. Auf jeden Fall hatte Hansi es sich schmecken lassen. Das gute Essen, das Hansi in seiner Kindheit und Jugend nicht kannte, war auf einmal im Überfluss vorhanden. Bei jeder Party und Feier wurden Hansi mit Leckerbissen gefüllte Teller angeboten, vieles kannte er gar nicht. Jeder wollte mit „seinem Hansi" anstoßen, Hunderte bei jeder Feier. Auch wenn Hansi nur am Sektglas nippte, am Ende war es manchmal doch etwas zu viel. Doch einem Europameister verzieh man alles - und lud ihn gerne ein.

Als sechs Wochen vor dem bereits abgeschlossenen Kampf mit Albornoz die Kampfvorbereitung begann und Hansi ins Trainingslager einrückte, hatte er für seine Gewichtsklasse fast zehn Kilogramm Übergewicht.

Alle Vorwürfe von Trainer und Manager Marchart nützten nichts, das Gewicht musste runter. Mit einem ausgeklügelten Trainings- und Ernährungsplan verlor Hansi nicht nur das überflüssige Gewicht. Hansi trainierte wie besessen, quälte sich und seinen Körper, forderte von sich selbst das Letzte.

Einen Tag vor dem Kampf fand die Abwage statt. Hansi stieg, in die zahlreichen Kameras der Journalisten blickend, auf die Waage und brachte sein Gewichtslimit von 63,5 kg ohne Probleme. Er hatte es tatsächlich geschafft, innerhalb von nur 6 Wochen 10 Kilo abzunehmen und noch dazu eine Topkondition zu haben. Eine hervorragende Leistung im Hinblick auf die doch zahlreichen Partys, Einladungen und privaten Feiern.

Wenn auch manchmal Kritik am Privatleben von Hans Orsolics laut wurde, sollte immer bedacht werden: Hansi war ein echter Wiener, ein Bub von der Straße, kein Akademiker und Universitätsboxer.

Dann kam der Gegner, Juan „Sombrita" Albornoz zur Abwage. Er war nach Wien gekommen, um den Titel des Europameisters zu holen. Gleich seinem Vorgänger lächelte er siegesgewiss, als er die Waage bestieg. Doch der Spanier hatte Übergewicht und musste 20 Dekagramm abtrainieren. Mit Leichtigkeit verlor Albornoz innerhalb einer halben Stunde das Gewicht und somit konnte der Kampf über die Bühne gehen.

Am 12.9.1967, nach der Untersuchung durch den Kampfarzt, absolvierte Hansi in der Garderobe sein Aufwärmtraining, hörte den letzten Instruktionen von Trainer Marchart zu und bereitete sich auf den schweren Kampf vor. Heute würde man das mentales Training nennen, damals sagte man, er konzentrierte sich auf den Kampf.

Nach der üblichen Prozedur der Bandagenkontrolle und mit den Glückwünschen der Vorstandsmitglieder des ÖBBV versehen, trat Hansi den Gang zum Ring an, in einen Hexenkessel, unvorstellbar. Eine übervolle Stadthalle mit 15.000 Zuschauern wollte ihren Hansi siegen sehen. Hansi war das Idol der Wiener, ein Bub aus dem Volk, den jeder bewunderte und den die Mädchen anhimmelten.

Als Hansi in den Ring kletterte, war der Herausforderer Juan Albornoz schon im Ring. Durch sein Feuermal im Gesicht sah er diabolisch aus, irgendwie unheimlich.

Der Kampf begann, beide Kämpfer wurden vom Ringrichter in die Ringmitte geholt, belehrt und der Gong läutete die erste Runde ein.

„Sombrita", der Schatten, machte seinem Namen alle Ehre und tänzelte im Ring vor Hansi her, außer dessen Reichweite, doch jederzeit bereit mit seiner Führungshand Treffer anzubringen. Es war wie ein „Räuber und Gendarm"-Spiel, Hansi verfolgte Sombrita durch den Ring und konnte kein Konzept finden, Wirkungstreffer anzubringen. Die erste Runde verlief unspektakulär, ebenso die Runden zwei und drei. Der Spanier stellte sich einfach nicht dem Kampf, sondern tänzelte, pendelte und lief vor Hansi einfach davon.

Die vierte Runde begann wie die vorherigen, Sombrita tänzelte durch den Ring und Hansi hinterher. Doch Hansi hatte in den ersten drei Runden die Bewegungen des Spaniers genau registriert und als dieser wieder mit tänzelnden Schritten ausweichen wollte, machte Hansi den entscheidenden Schritt in die Fluchtrichtung von Albornoz. Er sperrte ihm den Weg ab und nahm ihm mit zwei harten Schlägen zum Körper die Luft. Noch während Albornoz um Luft rang, trafen ihn zwei Haken Hansis schwer am Kopf. Die Oberlippe des Spaniers war zerschlagen, Blut spritzte und lief dem Spanier übers Gesicht auf die Brust. Das Publikum tobte und Hansi setzte an, eine Entscheidung herbeizuführen. Schwere Schläge trafen den Spanier, doch er überstand schwer gezeichnet die Runde und taumelte blutüberströmt in seine Ecke.

Überraschenderweise erholte sich der Spanier von den schweren Treffern rasch und in der fünften Runde begann ein wahres Gefecht. Der Spanier war langsamer in seinen Bewegungen geworden, doch nunmehr begann er, mit seiner gefürchteten linken Führungshand Hansi zu zermürben. Immer wieder traf er und Hansi fand kein Rezept gegen den Kampfstil seines Gegners.

Runde für Runde gewann der Spanier mit seiner Kampftaktik immer mehr die Oberhand, nicht zuletzt dank seiner langjährigen Kampferfahrung, und in der zehnten Runde schien es, als würde Hansi den Kampf verlieren.

Die elfte Runde begann nicht gut für Hansi. Wieder erhielt er Treffer um Treffer und das Publikum in der Stadthalle wurde still. Hansi war knapp daran, den Kampf zu verlieren. Albornoz wurde immer stärker und drängte auf die Entscheidung, er wollte Hans Orsolics k.o. schlagen. Wieder und wieder griff Albornoz an und Hansi war arg in Bedrängnis, die Knie wurden schön langsam weich, der Blick war wie durch einen Tunnel und das Blut hämmerte in seinem Kopf.

Albornoz griff wieder an und kam damit in die Halbdistanz, das war die ideale Kampfdistanz für Hansi, und er schlug einen blitzschnellen Aufwärtshaken zu Albornoz' Kopf. Albornoz sackte zusammen und fiel mit dem Kopf vornüber auf Hansi, dann zu Boden, wo er reglos liegen blieb, das Nasenbein gebrochen, schwer gezeichnet.

Die Halle tobte und keiner hörte das Zählen des Ringrichters, … 7, 8, 9, AUS. Albornoz ging in der elften Runde k.o. Hansi hatte seinen bis dato schwersten Kampf gewonnen, er blieb Europameister, er war Europameister. Es war sein 15. Kampf und davon hatte er 14 gewonnen. Ein guter Rekord für Österreich, doch international noch relativ unbedeutend. Es gab Boxer mit 30 und noch mehr Kämpfen, ungeschlagen, alle Kämpfe gewonnen.

Hansi war nach seinem Sieg im siebenten Boxerhimmel und bedankte sich mit einer Wallfahrt nach Mariazell, wo er andächtig am Altar kniend dem Himmel für seine Erfolge und Siege dankte. Und auch dafür ein Gebet sprach, dass er weiter erfolgreich und siegreich bliebe. Ein kleiner Boxer im Angesicht Gottes, der auch insgeheim um Vergebung für kleinere Sünden im Leben bat.

In Mariazell erhielt Hansi vom Pfarrer ein Heiligenbild, das ihn bis zum heutigen Tag begleitet hat. Selbst der Pfarrer, der Hans Orsolics, den Profiboxer, kannte, war überrascht von der Andacht, mit der dieser betete.

Die zweite freiwillige Titelverteidigung

Der Spanier Albornoz drängte auf eine Revanche und dies kam Karl Marchart gerade recht. So konnte Hansi seinen Titel noch einmal gegen einen berechenbaren und schlagbaren Gegner verteidigen und Marchart war sich sicher, dass Hansi auch den zweiten Kampf gegen Albornoz gewinnen würde. Marchart hatte überdies in der Zwischenzeit erfahren, dass Arcari als offizieller Herausforderer für die Pflichtverteidigung erkoren wurde und zweifelte, ob Hansi den regierenden italienischen Meister schlagen könnte. Arcari war ein verdammt guter Boxer und im Ring sehr gefährlich.

So vereinbarte Karl Marchart eine freiwillige Titelverteidigung, wiederum gegen Juan Albornoz, genannt der Schatten. Als Kampftermin wurde der 5.12.1967 vereinbart.

Um Hansi für den Kampf gegen Albornoz in Form zu halten, verpflichtete Manager Marchart zwei Aufbaugegner mit Kämpfen über jeweils 10 Runden.

Am 20.10.1967 boxte Hansi gegen den Franzosen Fernand Nollet, 82 Profikämpfe, davon 47 Siege, 19 verloren und 16 unentschieden. Der Kampf ging über die Runden und Hansi gewann nach Punkten.

Der zweite Aufbaukampf war am 11.11.1967 in Berlin gegen den Deutschen Klaus Jacoby, Rechtsausleger, 12 Profikämpfe, 6 Siege, 3 verloren und 3 unentschieden. Hansi schlug den Deutschen in der 7. Runde k.o.

Die zweite Titelverteidigung kam immer näher und Hansi hielt sich eisern an den von Trainer Marchart verordneten Trainings- und Ernährungsplan, er hatte keine Probleme mit dem Gewichtslimit von 63,5 kg.

Hansi kannte Albornoz schon, er hatte im ersten Kampf alle Stärken und Schwächen registriert und wollte unbedingt einen Sieg gegen den Spanier. Wiederum vor ausverkaufter Stadthalle und 15.000 Zuschauern kam es am 5.12.1967 zur zweiten Titelverteidigung.

Gleich von Beginn des Kampfes an wiederholten sich die Szenen des ersten Kampfes. Albornoz, der Schatten, hüpfte und tanzte im Ring herum, traf immer wieder mit seiner linken Führungshand. Hansi gelangen zwar Kontertreffer, aber keine Wirkungstreffer oder entscheidende Schläge. Der um 15 Jahre ältere Albornoz provozierte Hansi, indem er in der ersten Runde lässig stehend in seiner Ecke die Pause abwartete. Es gelang keinem der beiden Boxer, in dieser Runde entscheidende Vorteile für sich zu verbuchen. Die Runde endete unentschieden.

Von der zweiten bis zur elften Runde wiederholte sich im Ring und in der Pause das Schauspiel des Spaniers, im Ring hüpfte er vor Hansi herum und in der Pause stand er lässig in seiner Ecke. Er demonstrierte damit, dass er keinen Hocker zum Ausrasten brauchte und Hansi ihn nicht fordern konnte. Einschüchtern konnte er Hansi damit jedenfalls nicht. Der bekam Pause für Pause Instruktionen von Trainer Marchart, der mit Hansis Leistung unzufrieden war.

In der 12. Runde fand Hansi Möglichkeiten, seine Qualitäten als Konterboxer zu zeigen, er forderte den Spanier derart, dass er nach dieser Runde einen Hocker in der Ecke brauchte.

In der 13. Runde explodierte Hansi förmlich und nach schweren Treffern musste Albornoz zu Boden. Er wurde angezählt, konnte aber den Kampf fortsetzen. Zu schnell verdaute er den Niederschlag und widersetzte sich Hansi, der eine Entscheidung herbeiführen wollte, heftig.

Eine Ringschlacht bis zur 15. Runde riss das Publikum von den Sitzen. Beide Boxer waren total ausgepumpt, hatten ihr Letztes gegeben. Doch gereicht hat es nur für Hans Orsolics, mit einem korrekten Unentschieden war ein ehrliches Urteil vom Kampfgericht gefällt und Hansi behielt den Titel des Europameisters.

Der Termin für die 3. Titelverteidigung, die Pflichtverteidigung gegen den Italiener Bruno Arcari, stand fest, es war der 7.5.1968. Die Wiener Stadthalle ersteigerte den Europameisterschaftskampf in einem Bieterverfahren gegen italienische Veranstalter und Hansi sollte erstmals eine Börse von über einer halben Million Schilling erhalten. Es kam jedoch zu Streitereien mit Arcari, der eine höhere Börse wollte, und mit der Stadthalle, die Hansi eine niedrigere zahlen wollte, obwohl ihm diese vertraglich zugestanden wäre. Die Stadthalle wollte Hansi nur 360.000 Schilling zahlen und Arcari noch weniger. Große Streitigkeiten folgten und endeten damit, dass Hansi mit Einverständnis seines Vaters eine Nettobörse von 360.000 Schilling erhielt, Karl Marchart verzichtete auf seine ihm zustehenden Managerprozente zugunsten der Stadthalle, und so kam der Kampf zustande. Der Streit um die Börse hatte jedoch einen tiefen Riss in der Beziehung zwischen Trainer und Manager Karl Marchart und der Familie Orsolics, insbesondere mit Hansi selbst, verursacht.

Die Streitereien hatten auch Auswirkungen auf Hansis Leben. Er war zu diesem Zeitpunkt 21 Jahre alt und bereits auf dem Zenit des Profiboxsports angekommen. Hansis Gedanken schwirrten schon um eine Weltmeisterschaft. Eigentlich war er noch zu jung zum Siegen. Vielleicht hätte er Marchart erst fünf Jahre später kennenlernen sollen, vielleicht gar nicht. Doch diese Frage kann er nur selbst beantworten.

Ein weiteres, weit größeres Problem, das Hansi belastete, war sein Gewicht. Er war 1,70 Meter groß und wog bei den Kämpfen nur 63,5 kg. Hansi war durch das harte Training zum Modellathleten geworden und hatte Muskelmasse aufgebaut. Es gelang ihm nur mehr durch Aufnahme von wenig Flüssigkeit und Schwitzen, den Flüssigkeitsgehalt des Körpers so weit zu senken, dass er damit weniger Gewicht hatte und so sein Kampfgewicht bringen konnte. Gerade dieser Flüssigkeitsverlust schwächt einen Boxer am meisten. Hansi sah zwar äußerlich aus wie ein Model, aber dem Körper fehlte Flüssigkeit und damit Kraft, Ausdauer und Konzentration.

Hansi lebte eigentlich in 3 Welten. Die erste Welt war das Profiboxen, die zweite Welt die Partyszene in Wien und die dritte Welt seine Heimat Kaisermühlen mit Familie und Freunden. Und irgendwo dazwischen stand Karl Marchart, der versuchte, Hansi in der Welt des Profiboxens zu halten. Ein schwieriges Unterfangen und nur mit sehr viel Geduld machbar.

Trotz der kühlen Stimmung zwischen Manager und Trainer ging das Training weiter und ein Vorbereitungskampf für den 9.4.1968 gegen den Franzosen Jean Brucellari wurde vorbereitet.

Brucellari hatte einen Kampfrekord von 28 Kämpfen mit 15 Siegen, 10 Nie-

derlagen und 3 Unentschieden. Hansi machte kurzen Prozess mit ihm und schlug ihn in der 2. Runde k.o. Er wollte demonstrieren, dass er stark war und bereit für Arcari. Die österreichischen Fans lagen Hansi zu Füßen, die Presse hob ihn in den Himmel.

Währenddessen wurden mit Arcari in Italien schon andere, konkretere Pläne geschmiedet. Arcari sollte Weltmeister werden und der Weg zur Weltmeisterschaft führte über den Europameistertitel, den Hans Orsolics hatte. Wer sich nur halbwegs im Boxsport auskennt, weiß, welch gute Boxer Italien hat. Der Boxsport hatte schon immer große Tradition in Italien und die italienischen Boxer in Europa einen ausgezeichneten Ruf.

Der Titelverlust

Die Stadthalle war schon Wochen vor dem Kampf ausverkauft, als am 7.5.1968 der Tag der Entscheidung gekommen war - der Kampf gegen Bruno Arcari.

Es war ein Großereignis in Wien mit Presse aus ganz Europa, die Fans tobten, als Hansi den Ring betrat. Alle waren euphorisch, es kam nur ein Sieg Hansis in Frage. Die Leute wollten Hansi gewinnen sehen und seine Gegner am Boden. Wollten sehen, wie der kleine Wiener Rauchfangkehrer die internationalen Boxsportgrößen auf den Boden schickte. Das Volk brauchte einen Star und ein Vorbild, mit dem es sich identifizieren konnte.

Der große Kampf begann. Hansi bot dem sehr stark boxenden Italiener Paroli und erreichte in den ersten drei Runden leichte Vorteile. Ab der vierten Runde drehte der italienische Meister mit seinem Können auf und deckte Hansi mit Schlagserien ein. Er war ein hervorragender Techniker und boxte Hansi immer mehr aus. Hansi nahm Treffer um Treffer und konnte selbst keine wirkungsvollen Aktionen gegen den Italiener setzen.

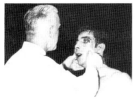

In der achten Runde erlitt Hansi ein Cut am linken Auge, das stark blutete. Es gelang zwar in den Pausen, die Blutung zu stillen, doch im Kampfgeschehen fing das Cut immer wieder zu bluten an. Bis zur 11. Runde lag Hansi eindeutig nach Punkten hinten und versuchte verzweifelt, den Kampf noch umzudrehen.

Als Hansis Verletzung immer ärger wurde, zog der Ringrichter in der 12. Runde den Kampfarzt zu Rate und brach danach den Kampf ab. Die Verletzung am Auge war zu gefährlich, um Hansi weiter boxen zu lassen. Arcari war Sieger durch technisches K.o. in der 12. Runde. Er war somit neuer Europameister und Hansi seinen Titel los.

Der Boxhimmel stürzte über Hansi zusammen, er suchte nach Erklärungen, warum er den Kampf verloren hatte, und fand keine. Er hatte alles gemacht, was man ihm gesagt hatte. Er hatte trainiert bis zur Selbstaufgabe, seinen Körper geschunden und war geschwächt durch das harte Training und durch das Hungern, war körperlich und geistig ausgepumpt. Ein Sieger als Verlierer.

Profikämpfe 1968-1969

Einen Kampf zu verlieren bedeutet nicht, dass die Welt zusammenbricht. Vielleicht aber war das im Fall Hans Orsolics etwas anders. Hansi war zu diesem Zeitpunkt erst 21 Jahre alt und in seinen Gedanken und Vorstellungen wollte er ein Siegertyp sein, kein Verlierer. Mit dem verlorenen Kampf verlor Hansi auch ein Stück seiner Persönlichkeit, er war vor den Augen des Publikums gedemütigt worden. Ein entwürdigendes Gefühl für den jungen Hans Orsolics. Das harte Training und das asketische Leben hatten sich nicht gelohnt, im Gegenteil, alles, was Karl Marchart gut meinte, war in Hansis Augen falsch. Dazu kamen viele Einflüsse und Meinungen, die Hansi hören musste. Hansi lebte in einem Zwiespalt. Da waren die Familie, die er über alles liebte, seine Freunde und sein Kaisermühlen. Und auf der anderen Seite waren Manager und Trainer Marchart, das harte Profiboxgeschäft, Streitereien und jede Menge Intrigen, die Hansi nicht durchblickte. Hansi war der Spielball vieler Faktoren im Leben, doch leider zu jung, um selbst einen Überblick zu haben und selbstständig für ihn vorteilhafte Entscheidungen zu treffen.

Presse und Fans trugen ihren Anteil zur Verunsicherung Hansis bei. Hansi wurde himmelhoch gelobt und dann wieder ins Bodenlose fallen gelassen. So war auch die Stimmung beim jüngsten Europameister in der Geschichte Österreichs - einmal himmelhoch jauchzend, dann zu Tode betrübt. Der damalige österreichische Boxverband trug auch seinen Teil dazu bei. Statt Hansi als jungen aufstrebenden Boxer zu unterstützen, dachten alle nur an den eigenen Vorteil, auch durch ungute Presseinterviews, oder man erhoffte sich finanzielle Einnahmen und Vorteile. Man darf nicht vergessen, dass Hansi von seiner Börse neben den 33 Prozent für Manager Marchart noch 5 Prozent als

Verbandsabgabe an den österreichischen Boxverband abliefern musste. Dann kamen noch das Finanzamt und Sozialabgaben, die er selbst entrichten musste. Insofern blieben ihm von den Börsen nicht einmal 50 Prozent.

In dieser schweren Situation fehlte Hansi ein Mensch, an den er sich halten konnte, dem er vertrauen konnte und der ihn nicht enttäuschte, betrog und ausnützte. Den Menschen, denen Hansi vertraute und die ihm wirklich helfen wollten, fehlten die Voraussetzungen dafür. Der junge Hans Orsolics verdiente trotz der hohen Abzüge Hunderttausende Schillinge pro Jahr. In zehn Jahren vom Schmalzbrot zum Millionär.

Karl Marchart war zwar ein guter Manager und Trainer, aber menschlich konnte er Hansi wenig vermitteln. Marchart selbst war Profiboxer und im Boxen herrschen rauere Sitten - friss Vogel oder stirb.

Rückblickend kann man sagen, dass Hansi schlichtweg noch zu unreif für den Glanz und Ruhm des harten Profiboxgeschäftes war. Doch Hansi war eine gute Einnahmequelle für alle.

Marchart genehmigte Hansi eine kurze Pause vom harten Training und schmiedete Pläne für die Zukunft, in der Hansi die Hauptrolle spielte. Marchart drängte Hansi, so schnell wie möglich wieder in den Ring zu steigen und vereinbarte für den 30.9.1968 einen Kampf über 10 Runden gegen Giuseppe Occhipinti aus Tunesien, 18 Kämpfe, 4 Siege, 9 Niederlagen, 5 Unentschieden. Es war erstmals kein schwerer Gegner für Hansi und doch gelang ihm nur ein Sieg nach Punkten. Marchart erkannte, dass das Superleichtgewicht (Halbweltergewicht) mit dem Gewichtslimit von 63,5 kg nicht mehr das ideale Kampfgewicht für Hansi war. Das Gewicht zu halten kostete Hansi zu viel Substanz, vor allem der hohe Flüssigkeitsverlust vor den Kämpfen forderte seinen Tribut und schwächte die Kampfkraft entscheidend.

Marchart entschied, dass Hansi in die nächst höhere Gewichtsklasse aufsteigen sollte, in das Weltergewicht mit einem Gewichtslimit von 66,7 kg.

Am 5.11.1968 fand Hansis erster Kampf in der neuen Gewichtsklasse statt, der Gegner Aldo Battistutta aus Italien hatte 34 Kämpfe, 21 Siege, 10 Niederlagen, 3 Unentschieden. Er war der regierende italienische Meister im Weltergewicht und zugleich eine Prüfung in der höheren Gewichtsklasse. Im Weltergewicht fühlte sich Hansi sichtlich wohler, er besiegte den Italiener in der 6. Runde durch technisches K.o. Hansi war wieder zurück, sein Kampfinstinkt gut wie eh und je, der neue Erfolg ließ die Niederlage vorläufig in den Hintergrund treten. Hansi hatte vor allem das für ihn selbst so wichtige Image des Kämpfers wieder hergestellt.

Bereits 3 Wochen später gab es am 28.11.1968 den nächsten Kampf gegen den Südafrikaner Joe Africa, 20 Kämpfe, 5 Siege, 13 Niederlagen, 2 Unentschieden. Der Kampf fand erstmals in der Olympiahalle in Innsbruck statt. Vor ausverkaufter Halle siegte Hansi in der 9. Runde durch technisches K.o. Das Publikum jubelte und Hansi war der gefeierte Star in Tirol.

Während Hansi wieder Sieg um Sieg erkämpfte, hatte Karl Marchart bereits Pläne für eine neuerliche Europameisterschaft. Um in der Rangliste an eine günstige Ausgangsposition zu kommen und eine Herausforderung zu ermöglichen, absolvierte Hansi im Frühjahr 1969 drei Ranglistenkämpfe im Weltergewicht.

Am 4.2.1969 gegen Osei Cofi, Ghana, 18 Kämpfe, 4 Siege, 13 Niederlagen, 1 Unentschieden, in der Stadthalle in Wien mit einem Sieg in der 8. Runde durch technisches K.o.,

am 15.3.1969 gegen Ferdinand Ahumibe aus Nigeria, 20 Kämpfe, 9 Siege, 7 Niederlagen, 4 Unentschieden, in der Olympiahalle in Innsbruck mit einem Sieg durch technisches K.o. in der 5. Runde und

am 11.4.1969 gegen Don Davis, einen Engländer, in Jamaica geboren, 33 Kämpfe, 16 Siege, 16 Niederlagen, 1 Unentschieden, in der Stadthalle in Wien mit einem Sieg nach Punkten über 10 Runden.

Die neuerliche Titelchance

Nach diesen drei Kämpfen gelang es Karl Marchart tatsächlich, eine Europameisterschaft im Weltergewicht gegen den Franzosen Jean Josselin zu fixieren.

Josselin war Europameister im Weltergewicht, 65 Kämpfe, 57 Siege, 6 Niederlagen, 2 Unentschieden. Die Veranstaltung wurde wiederum von der Stadthalle Wien ersteigert. Josselin war mit seinen 29 Jahren einer der weltbesten Boxer in dieser Gewichtsklasse. Josselin war französischer Meister,

Hans Orsolics
2facher Europameister

Europameister im Weltergewicht, hatte die Südafrikanische Weltmeisterschaft gegen Willie Ludick nach Punkten verloren und den Kampf um die Weltmeisterschaft der WBC und WBA gegen Curtis Cokes ebenfalls nur knapp nach Punkten verloren. Nach dem Verlust der Europameisterschaft erhielt Josselin noch zwei Chancen, verlor aber beide Kämpfe nach Punkten. Erst im dritten Anlauf gelang es ihm, gegen Silvano Bertini wieder den Titel zu erringen. Josselin hatte den Titel bereits zwei Mal erfolgreich verteidigt, bevor er gegen Hans Orsolics in den Ring stieg.

Niemand gab dem 22-jährigen Hans Orsolics gegen ein Kaliber wie Josselin eine Chance, viele dachten vielmehr, Manager Marchart sei wahnsinnig geworden. Hansi war Fallobst für den Vollprofi Josselin.

Karl Marchart hatte Hansi für den Kampf jedoch bestens vorbereitet. Durch die vielen Streitigkeiten vor dem Arcari-Kampf, negative Presse und allgemeine Missstimmung unter den Fans hatte der Ruf von Hans Orsolics gelitten. Zu viele negative Meldungen für einen im Grund genommen sehr sensiblen Menschen. Doch Marchart plante einen genialen Schachzug, er fuhr mit Hansi und Jolly Lang auf ein Trainingslager zu Laszlo Papp nach Ungarn. Dort waren Hansi und Jolly regelrecht kaserniert und konnten nur schlafen, trainieren und essen nach Plan. Der Tagesablauf war geregelt wie in einer Militärkaserne.

Mit „Lazi", wie Papp von den Wienern genannt wurde, war Marchart ein Husarenstück gelungen, das seinesgleichen sucht. Papp genoss die Sympathie der Wiener und war zudem ein großartiger Trainer für Hansi. Gleichzeitig gab es mit den zahlreichen guten ungarischen Amateurboxern rund um

Papp ein hervorragendes Material für Sparringkämpfe.

Während die Presse in Europa und die allgemeine Meinung Hansi keine Chance gegen Josselin einräumten, wussten es Lazi Papp und Karl Marchart besser. Hansi war durch das Training in Ungarn stark wie nie, vor allem musste er aufgrund der höheren Gewichtsklasse nicht hungern und brachte trotz guter Ernährung das Kampfgewicht von 66,7 kg ohne Probleme.

Als Vorbereitungskampf zur Europameisterschaft ließ Marchart Hansi am 8.8.1969 gegen Agbakhume Daudu, einen in Italien lebenden Nigerianer, 1 Kampf, 1 Niederlage, in Wiener Neustadt boxen. Dabei war ihm vor allem wichtig, dass Hansi die Anweisungen, die er ihm gab, im Ring umsetzte. Hansi siegte durch technisches K.o. in der 7. Runde und stand für die große Aufgabe Josselin bereit.

Am 25.9.1969 kam es in der Wiener Stadthalle zum großen Showdown. Der krasse Außenseiter Hans Orsolics gegen den großen Josselin aus Frankreich. Niemand wäre bereit gewesen, auch nur einen Schilling auf einen Sieg von Hans Orsolics zu wetten, so gering war die Chance. In den Garderoben herrschte hauptsächlich nur Rummel um den grandiosen Jean Josselin, einen Weltklasseboxer. Die Journalisten drängten sich um ihn, jeder wollte ein Bild und ein Interview mit dem berühmten Boxer.

Hansi bereitete sich still und gewissenhaft auf den Kampf vor, beim Aufwärmtraining in der Kabine schlug er so hart, dass sich seine Aufwärmpartner abwechseln mussten. Hansi war mental und konditionell in Höchstform und hatte einen unbändigen Siegeswillen.

14.000 Zuschauer brüllten sich die Seele aus dem Leib, als Hans Orsolics den Ring betrat. Die Stadthalle glich einem Hexenkessel. Hansi bekreuzigte sich wie in allen seinen Kämpfen und ging in die erste Runde. Die Runde verlief ziemlich ausgeglichen, die beiden Boxer tasteten sich gegenseitig ab, um Schwächen des Gegners auszuloten. Keiner der beiden Boxer konnte einen entscheidenden Vorteil für sich verbuchen.

Die Stadthalle tobte, das Publikum sah, dass Hansi dem starken Franzosen durchaus ebenbürtig war, und feuerte gleich zu Beginn der zweiten Runde Hansi lautstark an. Der Kampf begann mit einem höheren Tempo als in der erste Runde und Hansi wurde von einer rechten Geraden des Franzosen voll getroffen. Der Schlag riss ihn von den Beinen und er ging zu Boden. Doch nur kurz, er sprang wieder auf und wurde vom Ringrichter angezählt. Der Ringrichter schickte ihn nach dem kurzen Niederschlag wieder in den Kampf und Hansi revanchierte sich mit einem fürchterlichen Haken zum Kopf von Josselin. Der wurde ebenfalls vom Ringrichter angezählt. Der Wirbel in der Stadthalle, die Schreie und Anfeuerungsrufe waren wie Adrenalin für Hansi, der ab diesem Zeitpunkt begann, Josselin Stück für Stück zu zerstören. Die zweite Runde ging eindeutig an Hansi und die dritte Runde stand bevor.

Trainer Karl Marchart war zwar begeistert vom Kampfeswillen seines Schützlings, doch er gab ihm vor Beginn der dritten Runde einige Instruktionen. Hansi sollte auf seine Deckung achten und versuchen, Josselin anzugreifen. Marchart hatte bemerkt, dass Josselin durchaus zu schlagen war.

Mit guten Ratschlägen ging Hansi in die dritte Runde und deckte Josselin von Beginn an mit schweren Treffern ein. Egal was Josselin auch unternahm, er war Hans Orsolics nicht gewachsen. Der kleine Rauchfangkehrer aus Wien lieferte den Kampf seines Lebens. Nach Ende der dritten Runde wusste Karl Marchart, dass Hansi den Kampf gewinnen würde. Josselin war chancenlos. Trotzdem warnte Marchart Hansi, nur ja auf die Deckung zu achten.

Gleich zu Beginn der vierten Runde begann der Untergang Josselins. Hansi setzte Treffer um Treffer, Josselin musste zurückweichen, Hansi war auf dem Vormarsch. Verzweifelt versuchte Josselin, den Kampf noch umzudrehen, doch er musste schmerzlich erfahren, dass er an diesem Tag der schlechtere Boxer war.

Nach einer Serie von Körper- und Kopftreffern kam schließlich ein schwerer linker Haken zum Kopf von Josselin, der diesen auf die Ringbretter schickte. Josselin lag in der Ringmitte und wurde vom Ringrichter ausgezählt.

Hansi wurde in seinem 28. Profikampf neuer Europameister im Weltergewicht. Der Rummel und Trubel um Hansi war unvorstellbar. Auf einer Menschenmenge aus Fans und Reportern wurde Hansi in die Kabine getragen, vom Ring bis in die Kabine berührte er nicht einmal den Boden. Die Wiener trugen ihren Hansi auf Händen. Josselin war mit einem Mal unbedeutend, es zählte nur mehr der neue Europameister Hans Orsolics, mit seinen 22 Jahren. Der Sieg wurde weltweit in der Presse gefeiert und Hansi als neues Boxwunder aus Wien gepriesen. Hansi hatte mit seinem Sieg die Herzen der Österreicher und Wiener wieder auf seiner Seite, alle wussten, dass er der Beste war.

Für Hansi war die Welt wieder in Ordnung, er war wieder im Boxhimmel angekommen - und wollte auch dort bleiben. Hansi sagt heute noch, dass der Kampf gegen Josselin der Kampf seines Lebens war.

Erste Titelverteidigung im Weltergewicht

Die erste freiwillige Herausforderung erfolgte durch den Deutschen Klaus Klein mit 45 Kämpfen, davon 20 Siegen, 17 Niederlagen und 8 Unentschieden. Nach einer Verschiebung stand der endgültige Termin mit dem 26.1.1970 fest, der Kampf fand in der Stadthalle in Wien statt. Klein wurde von allen unterschätzt und eigentlich nicht als gefährlicher Gegner für Hansi angesehen.

Umso überraschter war man, als Klein Hansi im Ring überaus aggressiv und angriffslustig bis aufs Äußerste forderte. Doch die Überlegenheit Hansis brachte Klein Runde für Runde immer mehr in Bedrängnis, Hansi lieferte einen hervorragenden Kampf und schlug schließlich Klein in der 9. Runde durch technisches K.o. Klein war unfähig weiterzukämpfen, seine Unterlippe war zerschlagen und ein gefährliches Cut am rechten Auge veranlasste den Ringrichter, den Kampf abzubrechen. 11.000 Zuschauer feierten ihren Hansi.

Der nächste Herausforderer war der Italiener Carmelo Bossi. Bossi war schon einmal Europameister und hatte gegen Josselin nach Punkten über 15 Runden gewonnen. Bossi zählte zu den absoluten Spitzenboxern weltweit.

In der Phase zur Kampfvorbereitung erlitt Manager und Trainer Marchart einen Herzinfarkt und fiel in der wichtigsten Phase vor, aber vor allem während des Kampfes aus.

Für Hansi war der Herzinfarkt Marcharts ein Fiasko. Das gesamte Management im Boxstall funktionierte ohne den Motor Karl Marchart nicht. Hansi stand ohne Trainer da, jeder machte, was er wollte. Zum Glück hatte sich Lazi Papp bereit erklärt, Hansis Training zu übernehmen, so war wenigstens dieses Problem gelöst. Doch Papp weigerte sich aus unerklärlichen Gründen, Hansi während des Kampfes am Ring zu betreuen. Hansi hatte für den Kampf weder Trainer noch Betreuer. Als Notlösung bot sich nur Hansis Freund Jolly Lang an, der allerdings selbst an diesem Kampfabend vor Hansi boxte.

Für Hansi war dies eine schlimme Situation, von einem auf den anderen Tag war der Manager, Trainer und Betreuer weg, es gab keine unmittelbare Ansprechperson für ihn und er fühlte sich alleingelassen. Der bevorstehende schwere Kampf belastete ihn nervlich mehr als sonst.

Zuflucht fand er nur in seiner Heimat in Kaisermühlen, wo er sich oft tagelang verkroch. Er schloss sich in der Wohnung ein und wollte niemand sehen, mit niemandem sprechen - wer sollte ihm auch helfen? Die Presse, die immer Angelegenheit von Karl Marchart war, und viele Probleme beschäftigten Hansi nunmehr direkt, der Puffer Marchart fehlte. Lazi Papp bereitete Hansi konditionell bestens auf den bevorstehenden Kampf vor und der Tag des Kampfes rückte näher.

Am 9.4.1970 fand der Kampf um die Europameisterschaft im Weltergewicht zwischen dem 23-jährigen Hans Orsolics und dem 29-jährigen Weltklasseboxer Carmelo Bossi aus Italien statt. Hans Orsolics hatte 29 Kämpfe mit 26 Siegen, 2 Niederlagen und 1 Unentschieden, Carmelo Bossi 45 Kämpfe, 38 Siege, 5 Niederlagen und 2 Unentschieden. Er hatte bereits einmal den Europameistertitel gewonnen und war regierender italienischer Meister im Weltergewicht.

Über 15.000 Zuschauer in der Wiener Stadthalle sahen einen fremden Hans Orsolics im Ring. Hansi wirkte ideenlos und zeigte zu keinem Zeitpunkt des Kampfes sein wirkliches Können. Bis zur 7. und 8. Runde dominierte er zwar das Kampfgeschehen, baute dann aber stark ab und kam zu Ende des Kampfes noch in Bedrängnis.

Mit ein Grund für die schlechte Performance in diesem Kampf war, dass der für den Kampf bestimmte Trainer und Betreuer Jolly Lang selbst vor Hansi einen Boxkampf bestritten und diesen mit einem schweren K.o. verloren hatte. Erst nach ärztlicher Versorgung konnte er Hansi am Ring betreuen, konnte ihm jedoch keine für ihn so wichtigen Instruktionen für die jeweils nächste Runde geben. Karl Marchart saß zwar in der ersten Reihe am Ring, war jedoch vom Herzinfarkt noch schwer gezeichnet und konnte Hansi beim besten Willen nicht helfen. Vielmehr bestand die Angst, dass Marchart den Kampf vor Aufregung nicht überleben würde.

Trotz der schlechten Leistung gewann Hansi den Kampf durch einen knappen Punktesieg. Kaum war das Urteil verkündet, begann der Italiener im Ring zu randalieren und beschimpfte Ringrichter, Punkterichter und Funktionäre. Er sah sich als Sieger des Kampfes. Der Italiener zerstörte seine Garderobe, machte alles zu Kleinholz, doch es nützte nichts - die Entscheidung war gefallen. Die italienische Presse beschimpfte und beleidigte wochenlang Wien und den Boxsport, aber Hansi hatte letztendlich trotz allem seinen Titel erfolgreich verteidigt und war alter und neuer Europameister im Weltergewicht.

Noch vor der Europameisterschaftsverteidigung hatte Karl Marchart einen Vertrag unterzeichnet, es war der Vertrag um die Weltmeisterschaft der WBA und WBC gegen den Kubaner Jose Napoles, der Ende 1970 hätte stattfinden sollen.

Kapitel 5

Die Niederlagen und die Folgen

Der Schicksalskampf

Als Aufbaugegner für den Weltmeisterschaftskampf wurde für den 3.9.1970 der zweifache Ex-Weltmeister Eddie Perkins aus Chikago/USA verpflichtet. Die Boxwelt schrie auf, als das bekannt wurde. Perkins hatte bereits 75 Kämpfe, davon 58 Siege, 15 Niederlagen und 2 Unentschieden. Er hatte zweimal den Weltermeistertitel errungen und galt als einer der gefürchtetsten Boxer weltweit.

Es gibt viele Gerüchte, wie es zu der unglücklichen Verpflichtung von Eddie Perkins als Aufbaugegner kommen konnte. Es ist von Bestechung und gekauftem Kampf die Rede, nachgewiesen wurde bis dato nichts dergleichen. Fest steht jedenfalls, dass Eddie Perkins ein sehr billiger Gegner war, der dem Veranstalter Stadthalle nur einige Tausend Dollar kostete, und Karl Marchart daher zu Perkins überredet wurde. Warum auch das Zehnfache an Börse bezahlen, wenn es billige und gute Gegner gab?

Das Sparen bei Hansis Gegner brachte den Managern der Stadthalle einen höheren Gewinn, mindestens 10.000 Zuschauer wurden erwartet.

Aus heutiger Sicht muss man die Stadthalle für die Verpflichtung von Perkins verantwortlich machen. Nachdem der Vertrag Perkins gegen Orsolics abgeschlossen war, kümmerte sich niemand mehr um Perkins. Perkins war trotz seiner Erfolge ein armer amerikanischer Boxer, der um jeden Betrag boxte - und gewann. Vier Wochen vor dem Kampf gegen Hansi besiegte Perkins den japanischen Meister in Tokyo in der 8. Runde durch Aufgabe.

Als Eddi Perkins am Flughafen Wien aus dem Flugzeug stieg, waren alle überrascht - Perkins war ein Schwarzer. Alle hatten mit einem „weißen" Perkins gerechnet. Doch egal, Hauptsache war, Perkins war da und kostete nicht viel.

Der kleine, freundliche, immer lachende Perkins im Alter von 33 Jahren schien kein schwerer Gegner für Hansi zu sein. Alle waren überzeugt, dass Hansi Perkins bezwingen würde.

Einen Tag vor dem Kampf bekam Hansi nachmittags zuerst starke Kopfschmerzen, trainierte aber noch und schrieb die Hitze in seinem Körper dem Training zu. Doch auch nach dem Duschen schwitzte er stark und es war ihm unerträglich heiß, sein Kopf glühte. Das Fieberthermometer zeigte 39 Grad, Hansi bekam eine Grippe, angesteckt vielleicht sogar von Trainer Marchart, der tagelang schon kränkelte.

Hansi lag im Bett, sein Kopf glühte und er konnte den Kampf keinesfalls absagen oder ausfallen lassen. Das wäre eine Katastrophe gewesen, was würden die gestrengen Manager der Stadthalle sagen? Davor hatte Hansi am meisten Angst. Dass er die Börse von 200.000 Schilling schon dringend benö-

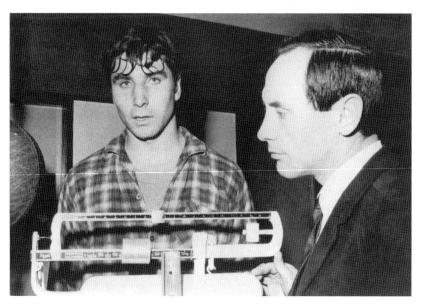

tigte, war ein weiterer Anreiz, den Kampf zu bestreiten.

In der Nacht ging es ihm schlecht. Er hatte hohes Fieber und konnte wegen des Kampfes keine Medikamente nehmen, Essig und Naturheilmittel halfen nur wenig. Nach nur wenigen Stunden Schlaf brach der neue Tag, der Tag des Kampfes gegen Perkins an.

Als Hansi aufstehen wollte, fühlte er eine Müdigkeit und Abgeschlagenheit, das Fieberthermometer zeigte 38,5 Grad Fieber an. Hansi blieb den ganzen Tag über im Bett, erst am Abend, kurz vor dem Kampf, holte ihn sein Schwager ab und brachte einen im Auto unter Schüttelfrost zitternden Hans Orsolics zur Stadthalle.

Karl Marchart, die Funktionäre des Boxverbandes und Manager der Stadthalle sowie der Ringarzt standen einem blassen und kranken Hans Orsolics gegenüber, trotzdem wurde der Kampf nicht abgesagt und Hansi in den Ring geschickt. 10.000 Zuschauer waren gekommen, um Hansi kämpfen zu sehen.

In der Ringecke stand vor dem Beginn des Kampfes ein kranker Hans Orsolics mit Schweißperlen auf der Stirn. Doch Hansi wäre nicht Hansi, hätte er den Kampf mit Perkins nicht angenommen. Die ersten drei Runden waren ausgeglichen, dann kam die verhängnisvolle 4. Runde. Eine Runde, die vielleicht das Leben von Hans Orsolics am meisten beeinflusst hat, eine Runde, die er nie vergessen wird.

Perkins hatte Hansi in der dritten Runde ein kleines Cut am Auge zugefügt und Hansi hatte Angst, dass diese Verletzung zum Kampfabbruch führen könnte. Er fühlte zudem, dass ihn die Kraft verließ, und drängte daher auf eine Entscheidung. Pausenlos griff er Perkins an und deckte ihn mit Schlägen ein, als er bei offener Deckung einen fürchterlichen Treffer genau auf das Kinn erhielt. Ein schwerer K.o.-Schlag, der Hansi fällte wie einen Baum. Durch den Treffer sofort bewusstlos, krachte er mit dem Hinterkopf schwer auf dem Ringboden auf und blieb regungslos liegen. Hansi war bewusstlos und kam erst nach über einer Minute zu sich. Er war schwer geschlagen und verletzt. Hansis Vater sprang in den Ring und schlug Karl Marchart mit der Hand ins

Gesicht. Das war der endgültige Bruch zwischen Marchart und der Familie Orsolics, einschließlich Hansi, der Marchart mit einem Mal hasste.

Ein Krankenwagen brachte Hansi vom Ring weg ins Krankenhaus, wo er verarztet und die Wunde am Auge versorgt wurde. Perkins packte seine Sachen und verließ, ein paar Tausend Dollar reicher, Wien in Richtung Chikago.

Perkins hat in seiner Karriere als Profiboxer insgesamt 98 Kämpfe bestritten, 74 gewonnen, davon 21 K.o.-Siege, 20 verloren und 2 unentschieden geboxt. Perkins hat somit über 70 Prozent seiner Kämpfe gewonnen.

Hansi realisierte erst in den folgenden Tagen, was die Niederlage gegen Perkins für ihn bedeutete. Die Chance, um die Weltmeisterschaft zu boxen, war dahin und damit sein Ziel in weite Ferne gerückt. Die Börse reichte nicht lange, es waren auch noch Schulden zu begleichen. Hansi stürzte in ein schweres Tief und dachte mit gemischten Gefühlen an seine Zukunft. Er mied öffentliche Auftritte und umgab sich lieber mit seinen Freunden in Kaisermühlen. Durch seinen Jugendfreund Jolly Lang lernte Hansi den Berliner Boxmanager Willy Zeller kennen, der in Berlin einen großen Boxstall betrieb. Da Hansi noch vertraglich an Karl Marchart gebunden war, blieb ihm nichts übrig, als weiter mit diesem zu arbeiten.

Das schwere K.o gegen Eddie Perkins war nichts anderes als zwei kurz hintereinander erfolgte, schwere Gehirnerschütterungen und Hansi hätte mindestens drei bis vier Monate Erholung von dieser schweren Kopfverletzung gebraucht. Es wäre die Pflicht des Boxverbandes gewesen, eine diesbezügliche Sperre anzuordnen und vor weiteren Kämpfen ärztliche Untersuchungen anzuordnen. Doch nichts dergleichen geschah, die Geldmaschine Hans Orsolics musste weiter kämpfen, weiter Geld verdienen, ohne Rücksicht auf Gesundheit und Leben.

Titelverlust im Weltergewicht

Eine Titelverteidigung des Europameistertitels gegen den Engländer Ralph Charles stand noch auf dem Programm. Marchart versuchte zwar, den Kampf aufzuschieben, aber der mächtige englische Boxverband drängte auf einen Kampftermin und der Europaverband setzte diesen für den 20.11.1970 fest. Den Engländern kam das schwere K.o. im Aufbaukampf gegen Perkins gerade recht, ein angeschlagener Hans Orsolics war ein leichter Gegner.

Hansi trainierte vor diesem Kampf nicht mehr mit Karl Marchart, sondern fuhr mit Jolly Lang nach Berlin und trainierte dort für die Verteidigung seines

Titels. Er hatte schon mit Willy Zeller vereinbart, dass er nach Ablauf Marcharts Managervertrages zu Zeller nach Berlin wechseln würde.

Willy Zeller und Karl Marchart warnten Hansi vor dem Kampf und wollten diesen unbedingt verhindern. Karl Marchart ging sogar zum damaligen österreichischen Boxverband, um eine Unterbindung des Kampfes zu erreichen. Doch die Herren vom Boxvorstand dachten gar nicht daran, den Kampf zu verbieten, kassierten sie doch 5 Prozent von Hansis Börse. Und die Börse war auch der Ausschlag, warum Hansi selbst unbedingt boxen wollte, ja musste. Das Finanzamt forderte Geld und Hansi musste unbedingt seine Finanzschulden begleichen.

Die Entscheidung traf letztendlich Hansi selbst, als er für eine Börse von 500.000 Schilling den Kampf annahm. Ein Vermögen im Jahr 1970, doch ein noch besseres Geschäft für die Wiener Stadthalle.

Vor wieder ausverkaufter Stadthalle traf Hansi am 20.11.1970 auf den Engländer Ralph Charles. Von Beginn des Kampfes an diktierte Hansi das Kampfgeschehen. In der vierten Runde gelang es ihm, Charles an den Ringen zu stellen und schwer anzuschlagen. Charles war am Rande eines K.o., doch der Gong zur Pause rettete ihn.

Bis zur 8. Runde dominierte Hansi eindeutig den Kampf und brachte Charles in der 8. Runde wieder bis knapp vor das Aus. Bis zur 11. Runde führte Hansi eindeutig nach Punkten und der Sieg war ihm eigentlich nicht mehr zu nehmen, doch dann kam die verhängnisvolle 12. Runde.

Charles begann unfair zu kämpfen und traf Hans Orsolics zwei Mal mit einem Tiefschlag. Als der dritte Tiefschlag traf, knickte Hansi zwar bedingt durch die großen Schmerzen ein, ging aber nicht zu Boden. Aus heutiger Sicht ein schwerer Fehler, denn der Ringrichter dachte nicht daran, den Kampf abzubrechen, und Hansi stand mit schmerzverzerrtem Gesicht ohne Deckung im Ring. Er wartete auf den Kampfabbruch durch den Ringrichter. Diese Situation nutzte Charles ohne Skrupel aus, er schlug den deckungslos dastehenden Hansi mit einer gezielten Schlagserie zu Boden. Hansi erwachte erst nach dem Auszählen aus der Bewusstlosigkeit und musste gestützt in die Kabine geführt werden. Er hatte starke Kopfschmerzen und konnte nicht fassen, dass er den für ihn so wichtigen Titel verloren hatte.

Der Verlust des Europameistertitels im Weltergewicht brachte das endgültige Aus zwischen Hans Orsolics und Karl Marchart. Hansi war mit Marchart unzufrieden und machte ihm Vorwürfe, ihn nicht richtig zu betreuen und zu vertreten. Hansi war der Meinung, dass Marchart die ihm zustehenden 33 Prozent seiner Börse nicht verdiente, und beschloss, zum Berliner Boxmanager

Willy Zeller zu wechseln. Alle Freunde Hansis waren bei Zeller und Jolly Lang sollte Hansis neuer Trainer werden.

Wechsel von Manager, Trainer und Gewichtsklasse

Hansi wechselte im Jänner 1971 den Manager und gleichzeitig in die höhere Gewichtsklasse, ins Junior-Mittelgewicht bis 69,85 kg.

Am 4.2.1971 erfolgte der erste Kampf in der neuen Gewichtsklasse unter Manager Willy Zeller in Düsseldorf gegen den in Algerien geborenen Franzosen Bouzid Ait Elmenceur, 19 Kämpfe, davon 11 Siege, 2 Niederlagen und 6 Unentschieden. Souverän besiegte Hansi den Franzosen durch technisches K.o. in der 5. von 8 angesetzten Runden. Der Sieg stärkte wieder Hansis Selbstvertrauen, er drängte schon auf den nächsten Kampf.

Hansi bestritt weitere 7 Kämpfe unter Willy Zeller, die er alle gewann. Die Kämpfe waren:

5.5.1971 gegen Francisco Panos, 34 Kämpfe, 13 gewonnen, 10 verloren und 11 unentschieden, Sieg nach Punkten über 8 Runden in Berlin

8.6.1971 gegen Remo Golfarini, 28 Kämpfe, 21 Siege, 7 Niederlagen, endete unentschieden in der Stadthalle in Wien

22.7.1972 gegen Gunter Valtinke, 23 Kämpfe, 6 Siege, 12 verloren und 5 Mal unentschieden, Sieg durch technisches K.o. in der 4. Runde in Gmunden

9.9.1972 gegen Giampaolo Piras, 19 Kämpfe, 2 Siege, 16 Niederlagen und 1 Unentschieden, Sieg durch technisches K.o. in der 1. Runde in Lustenau

31.10.1972 gegen Epifanio Collado, 30 Kämpfe, 12 Siege, 11 Niederlagen und 7 Unentschieden, Sieg nach Punkten über 10 Runden in der Stadthalle in Wien

12.12.1972 gegen John White, 92 Kämpfe, 43 Siege, 43 Niederlagen und 6 Unentschieden, Sieg nach Punkten über 10 Runden in der Stadthalle in Wien

30.1.1973 gegen Hector Barbosa, 21 Kämpfe, 1 Sieg, 20 Niederlagen, Sieg durch technisches K.o. in der 1. Runde in der Stadthalle in Wien.

Nach diesen 8 Aufbaukämpfen war sich Willy Zeller sicher, Hansi in einen neuen Europameisterschaftskampf schicken zu können. Juan Carlos Duran war der regierende Europameister und Hansi möglicher Herausforderer. Der Kampfrekord von Duran konnte sich sehen lassen, 81 Kämpfe, 65 Siege, 8 verloren und 8 unentschieden, Europameistertitel im Halbmittelgewicht, italienischer Meister im Halbmittelgewicht.

Titelkämpfe um die Europameisterschaft

Juan Carlos Duran galt weltweit als Totschläger, im Europameisterschaftskampf gegen Jupp Elze traf er diesen am Kopf so hart, dass er an einer Ge-
hirnblutung starb. Bei der Obduktion von Elze wurden aber verschiedene
Dopingpräparate im Blut festgestellt und es wurde vermutet, dass diese die
Blutung im Gehirn ausgelöst hatten. Trotz allem, Duran ging von da an der Ruf
als Totschläger im Ring voraus.

Am 15.3.1973 kam es zum entscheidenden Kampf in der Wiener Stadthalle
mit über 10.000 Zuschauern - und zum Boxsportskandal des Jahrhunderts in
Wien.

Hansi dominierte gegen den gefährlichen Carlo Duran von Beginn an den
Kampf und brachte Duran in der 7. und 11. Runde fast zu Fall. Der Kampf war
eindeutig in der Hand von Hans Orsolics und das Publikum feierte Hansi
schon während des Kampfes als Sieger. Hansi boxte so perfekt, dass der
Weltklasseboxer Duran keine Chance hatte. Der Kampf musste mit einem
Punktesieg von Hansi enden. Nach der 15. Runde feierten alle Hansi schon
als Sieger, als das Urteil verkündet wurde. Mehrstimmiger Punktesieg für
Carlo Duran, der Ringrichter hatte Hansi als Sieger, die beiden Punkterichter
am Ring Carlo Duran als Sieger nach Punkten.

Der Tumult, der in der Stadthalle ausbrach, war gewaltig. Das Publikum
stürmte den Ring, Hansis Fans prügelten auf die Punkterichter und Funktionäre im Ring ein und ein Großaufgebot an Polizei musste die verletzten
Funktionäre und Kampfrichter aus der Gefahrenzone bringen. Das Publikum
zertrümmerte die Einrichtung der Stadthalle und die Kampfrichter bekamen
die Schläge ihres Lebens.

Die Weltpresse schrieb vom Boxsportskandal in Wien und Hansi hatte alle
auf seiner Seite. Alle waren einstimmig der Meinung, dass der wahre Sieger
Hans Orsolics hieße und er absichtlich um den Titel betrogen wurde. Der EBU
(European Boxing Union) wurde Korruption und Bestechung vorgeworfen,
aber es nützte nichts, der Titel war verloren.

Carlos Duran verlor seinen Titel am 4.7.1973 gegen Jacques Kechichian,
einen Franzosen, geboren in Armenien, in der 9. Runde des Kampfes durch
K.o. Genau gegen diesen Kechichian wollte Hansi den Europameistertitel wieder zurückholen.

Nach 6 Aufbaukämpfen war es so weit, Hansi erhielt wieder eine Chance,
um den Titel des Europameisters zu kämpfen und zwar gegen seinen
Wunschgegner Jacques Kechichian.

Die 6 Aufbaukämpfe zur Europameisterschaft:

25.5.1973 gegen Matt Donovan, 31 Kämpfe, 18 Siege, 11 Niederlagen und 2 Unentschieden, Sieg durch technisches K.o. in der 7. Runde in der Stadthalle in Wien

28.7.1973 gegen Adriano Rodriguez, 9 Kämpfe, 2 Siege, 5 Niederlagen und 2 Unentschieden, Sieg durch K.o. in der 3. Runde in Kitzbühel

11.8.1973 gegen Burhan Yesilbag, 8 Kämpfe, 2 Siege, 4 Niederlagen, 2 Unentschieden, Sieg durch K.o. in der 3. Runde in Pinkafeld

4.9.1973 gegen Massimo Consolati, 77 Kämpfe, 44 Siege, 29 Niederlagen, 4 Unentschieden, Sieg durch technisches K.o. in der 4. Runde in der Wiener Stadthalle

6.11.1973 gegen Tom Van Hatten, 19 Kämpfe, 17 Siege, 2 Niederlagen, Sieg durch K.o. in der 6. Runde in der Wiener Stadthalle

14.12.1973 gegen Manuel Gonzalez, 96 Kämpfe, 60 Siege, 30 Niederlagen und 6 Unentschieden, Sieg nach Punkten über 10 Runden in der Wiener Stadthalle.

Dann stand der Kampf gegen Kechichian bevor. Jacques Kechichian war bis zu seinem 30. Lebensjahr ein äußerst erfolgreicher Amateurboxer in Armenien und wechselte erst dann ins Profilager. Als er auf Hans Orsolics traf, hatte der Franzose 31 Kämpfe, davon 24 Siege, 5 Niederlagen und 2 Unentschieden auf seinem Kampfkonto und war 35 Jahre alt. Kechichian hatte den wohl härtesten Schlag in dieser Gewichtsklasse zur damaligen Zeit und viel Erfahrung in Kämpfen gegen Rechtsausleger.

Hans Orsolics hatte bereits 47 Kämpfe, davon 39 Siege, 6 Niederlagen und 2 Unentschieden. Von der Papierform her gab es leichte Vorteile für Hans Orsolics.

Doch bereits bei der Pressekonferenz warnte der Franzose Hansi vor einer drohenden Niederlage und war sich seiner Sache ganz sicher. Die Überheblichkeit des Franzosen war jedoch völlig unbegründet, wie es sich im Kampf zeigte.

Am 1.2.1974 lag Hansi in den ersten Runden gleichauf mit dem Franzosen, hatte jedoch Pech und eritt in der 3. Runde ein Cut, das sich Runde für Runde weiter öffnete. Der Ringrichter wollte schon den Kampf abbrechen, aber Hansi hatte einen solchen Kampfeswillen, dass ihn der Ringrichter noch weiterboxen ließ.

Hansi hatte Kechichian mehrmals am Rande des K.o., doch der entscheidende Schlag gelang ihm nicht. In der 9. Runde brach der Ringrichter den Kampf wegen der stark blutenden Wunde am Kopf Hansis ab und dadurch verlor Hansi den für ihn sicher scheinenden Kampf in der 9. Runde durch technisches K.o.

Hansi schien endgültig vor dem Aus und dachte auch immer öfter daran, mit dem Boxen aufzuhören. Er hatte in seinen jungen Jahren bereits genug gelitten. Dennoch nahm er noch einen Anlauf. Er wollte es sich selbst noch einmal beweisen und Europameister werden.

In weiteren 4 Vorbereitungs- und Ranglistenkämpfen bot sich ihm noch einmal die Chance, um den begehrten Titel des Europameisters zu kämpfen.

Die vier Aufbaukämpfe zur Europameisterschaft:

3.5.1974 gegen Elio Calcabrini, 24 Kämpfe, 15 Siege, 7 Niederlagen, 2 Unentschieden, Sieg nach Punkten über 10 Runden in der Stadthalle in Wien

31.5.1974 gegen Daniel Martin, 22 Kämpfe, 14 Siege, 7 Niederlagen, 1 Unentschieden, Unentschieden nach 10 Runden in Pinkafeld

13.7.1974 gegen Kurt Hombach, 20 Kämpfe, 11 Siege, 7 Niederlagen, 2 Unentschieden, Sieg nach Punkten über 8 Runden in Klagenfurt

17.8.1974 gegen Daniel Martin, 23 Kämpfe, 14 Siege, 7 Niederlagen, 2 Unentschieden, Sieg durch K.o. in der 3. Runde in Zeltweg.

Auffallend, dass Hansi in den 4 Vorbereitungskämpfen nicht mehr so überzeugen konnte, wie noch ein Jahr zuvor. In den vier Aufbaukämpfen gelang ihm nur ein K.o.-Sieg, ein Sieg nach Punkten und 2 Unentschieden. Das stärkte nicht gerade sein Selbstvertrauen, er war nicht mehr so aggressiv im Ring. Man hatte fast den Eindruck, er schonte seine Gegner.

Der letzte Boxkampf

Am 5.11.1974 erhielt Hansi seine letzte Chance, um den Europameistertitel zu boxen, der Gegner war der Spanier Jose Manuel Duran, 62 Kämpfe, 52 Siege, 3 Niederlagen, 7 Unentschieden, 2 Jahre älter als Hansi. Es war der letzte Boxkampf im Leben des Hans Orsolics und der Abgang war unspektakulär.

Duran hatte den Europameistertitel von Kechichian in 15 Runden nach Punkten gewonnen, von dem Mann, gegen den Hans Orsolics so unglücklich verloren hatte.

Gleich von Beginn des Kampfes an deckte Hansi den Spanier mit wilden Schlagserien ein, die dieser recht geschickt konterte und Hansi 2 Cutverletzungen beibrachte. Obwohl Hansi wild und eher ungestüm gegen Duran vorging, gelang es ihm nicht, Duran in Verlegenheit zu bringen. Duran wartete auf den heranstürmenden Hansi, konterte und traf. Bis zur 14. Runde lag Hansi nicht nur nach Punkten hinten, er hatte zwei tiefe und stark blutende Cuts. Ein paar Treffer in der 14. Runde verursachten derart starke Blutungen an Hansis Kopf, dass der Ringrichter den Kampf abbrechen musste. Hansi verlor seinen letzten Kampf durch technisches K.o. in der 14. Runde.

Hansi hatte endgültig genug vom Boxen, den Intrigen und allem, was dazugehörte. Er beschloss, seine Karriere zu beenden und die Boxhandschuhe an den Nagel zu hängen.

Im Alter von 27 Jahren beendete Hansi seine fast 10-jährige Karriere mit insgesamt 53 Kämpfen, davon unglaubliche 42 Siege, davon 28 durch K.o. gewonnen, 8 Niederlagen und 3 Unentschieden.

Doch auch nach Beendigung seiner Karriere blieb Hansi als boxender Rauchfangkehrer in den Herzen der Österreicher, vor allem in den Herzen der Wiener.

Obwohl die Mutter nie einen Boxkampf besuchte, war sie doch
sehr stolz auf ihren Hansi und seine großartigen sportlichen Erfolge.

Die 11 Titelkämpfe des Hans Orsolics

Hans Orsolics
geb. 14.5.1947, Österreich
Halbweltergewicht
Kampfrekord Total: 53 / W 42 (KO 28) / L 8 (KO 7) / D 3
KO-Quote: 52,83 %

Von 1967 bis 1974 absolvierte Hans Orsolics 11 Titelkämpfe:

| 06.06.1967 | Conny Rudhoff | Stadthalle Wien | gewonnen nach Punkten |

Conny Rudhoff
geb. 19.6.1934, Deutschland
Halbweltergewicht
Kampfrekord Total: 84 / W 67 (KO 29) / L 10 (KO 2) / D 6
KO-Quote: 34,52 %

| 12.09.1967 | Juan „Sombrita" Albornoz | Stadthalle Wien | gewonnen KO 11. Runde |

Juan „Sombrita" Albornoz
Weltergewicht
geb. 27.1.1932, Spanien
Kampfrekord Total: 89 / W 76 (KO 20) / L 9 (KO 7) / D 4
KO-Quote: 22,47 %

| 05.12.1967 | Juan „Sombrita" Albornoz | Stadthalle Wien | unentschieden |

| 07.05.1968 | Bruno Arcari | Stadthalle Wien | verloren TKO 12. Runde |

Bruno Arcari
geb. 1.1.1942, Italien
Halbweltergewicht
Kampfrekord Total: 73 / W 70 (KO 38) / L 2 (KO 2) / D 1
KO-Quote: 52,05 %

| 25.09.1969 | Jean Josselin | Stadthalle Wien | gewonnen KO 4. Runde |

Jean Josselin

geb. 6.1.1940, Frankreich
Weltergewicht
Kampfrekord Total: 89 / W 66 (KO 41) / L 16 (KO 4) / D 7
KO-Quote: 46,07 %

| 26.01.1970 | Klaus Klein | Stadthalle Wien | gewonnen TKO 9. Runde |

Klaus Klein

geb. 3.10.1942, Deutschland
Weltergewicht
Kampfrekord Total: 52 / W 22 (KO 10) / L 22 (KO 8) / D 8
KO-Quote: 19,23 %

| 09.04.1970 | Carmelo Bossi | Stadthalle Wien | gewonnen nach Punkten |

Carmelo Bossi

geb. 15.10.1939, Italien
Halbmittelgewicht
Kampfrekord Total: 51 / W 40 (KO 10) / L 8 (KO 2) / D 3
KO-Quote: 19,61 %

| 20.11.1970 | Ralph Charles | Stadthalle Wien | verloren KO 12. Runde |

Ralph Charles

geb. 5.2.1943, Großbritannien
Weltergewicht
Kampfrekord Total: 43 / W 39 (KO 33) / L 4 (KO 3) / D 0
KO-Quote: 76,74 %

| 15.03.1973 | Juan Carlos Duran | Stadthalle Wien | verloren nach Punkten |

Juan Carlos Duran

geb.13.6.1935, Argentinien
Mittelgewicht
Kampfrekord Total: 84 / W 67 (KO 21) / L 9 (KO 2) / D 8
KO-Quote: 24,71 %

| 01.02.1974 | Jacques Kechichian | Stadthalle Wien | verloren TKO 9. Runde |

Jacques Kechichian
geb. 8.5.1938, Frankreich
Halbmittelgewicht
Kampfrekord Total: 36 / W 27 (KO 18) / L 7 (KO 1) / D 2
KO-Quote: 50 %

| 05.11.1974 | Jose Manuel Duran | Berlin, Deutschland | verloren TKO 14. Runde |

Jose Manuel Duran
geb. 9.10.1945, Spanien
Halbmittelgewicht
Kampfrekord Total: 79 / W 63 (KO 23) / L 7 (KO 23) / D 9
KO-Quote: 29,11 %

Hansis ausgeglichene Bilanz: 11 Europameisterschaftskämpfe, davon 5 gewonnen, 5 verloren und 1 unentschieden.

Der Kampfrekord eines Boxers, die sogenannte „Papierform", gibt relativ viel Aufschluss über den Boxer. Er zeigt, wie viele Kämpfe ein Boxer gewonnen hat, wie viele K.o.-Siege er erzielt hat, die Zahl der verlorenen Kämpfe mit K.o.-Niederlagen und die Zahl an unentschiedenen Kämpfen.

Aus den Kampfrekorden kann entnommen werden, welche Gegner der jeweils nächste Gegner bereits geboxt hat, ob er einen sogenannten „positiven" Kampfrekord (mehr Kämpfe gewonnen als verloren) oder „negativen" Kampfrekord (mehr Kämpfe verloren als gewonnen) hat.

Von Interesse ist vor allem die K.o.-Quote, die ein Boxer erzielt hat, sie gibt Aufschluss über Kampfstil und Punch (Schlagkraft).

Letztendlich bestimmt der Kampfrekord den Wert des Boxers und dessen Börse.

Kämpfe von Hans Orsolics auf www.boxrec.com

Die Internetrangliste www.boxrec.com ist ein internationales Nachschlagewerk im Profiboxsport. Wie am Beispiel Hans Orsolics ersichtlich, sind auch Boxer, die noch vor dem Computerzeitalter ihre Karriere beendeten, in dem modernen Datenkonvolut erfasst.

Im professionellen Boxsport ist boxrec.com, gegründet in London und geführt von Frau Dr. Marina Sheppard, für Veranstalter und Manager ein wichtiges Nachschlagewerk im Profiboxgeschehen.

Kämpfe und Gegner von Hans Orsolics

Datum	Gegner	Bilanz	Ort		Ergebnis		
1974-11-05	Jose Manuel Duran	52-3-7	Berlin, Deutschland	V	TKO	14	15
~ EBU (European) Halbmittelgewicht Titel ~							
1974-08-17	Daniel Martin	14-7-2	Zeltweg, Österreich	G	KO	3	10
1974-07-13	Kurt Hombach	11-7-2	Klagenfurt, Österreich	G	PKT	8	8
1974-05-31	Daniel Martin	14-7-1	Pinkafeld, Österreich	U	PKT	10	10
1974-05-03	Elio Calcabrini	15-7-2	Stadthalle, Vienna, Österreich	G	PKT	10	10
1974-02-01	Jacques Kechichian	24-5-2	Stadthalle, Vienna, Österreich	V	TKO	9	15
~ EBU (European) Halbmittelgewicht Titel ~							
1973-12-14	Manuel Gonzalez	60-30-6	Stadthalle, Vienna, Österreich	G	PKT	10	10
1973-11-06	Tom Van Hatten	17-2-0	Vienna, Österreich	G	KO	6	10
1973-09-04	Massimo Consolati	44-29-4	Stadthalle, Vienna, Österreich	G	TKO	4	10
1973-08-11	Burhan Yesilbag	2-4-2	Pinkafeld, Österreich	G	KO	3	10
1973-07-28	Adriano Rodriguez	2-5-2	Kitzbühel, Österreich	G	KO	3	10
1973-05-25	Matt Donovan	18-11-2	Vienna, Österreich	V	TKO	7	10
Orsolics suffered a cut eye which caused the fight to be stopped.							
1973-03-15	Carlo Duran	65-8-8	Vienna, Österreich	V	PKT	15	15
~ EBU (European) Halbmittelgewicht Titel ~							
1973-01-30	Hector Barbosa	1-20-0	Stadthalle, Vienna, Österreich	G	TKO	1	10
1972-12-12	John White	43-43-6	Stadthalle, Vienna, Österreich	G	PKT	10	10
1972-10-31	Epifanio Collado	12-11-7	Stadthalle, Vienna, Österreich	G	PKT	10	10
1972-09-09	Giampaolo Piras	2-16-1	Lustenau, Österreich	G	TKO	1	8
There was only one professional fight on this program.							
1972-07-22	Gunter Valtinke	6-12-5	Gmunden, Österreich	G	TKO	4	10
1971-06-08	Remo Golfarini	21-7-0	Stadthalle, Vienna, Österreich	U	PKT	10	10
1971-05-05	Francisco Panos	13-10-11	Deutschlandhalle, Charlottenburg, Berlin, Deutschland	G	PKT	8	8
1971-04-02	Bouzid Ait Elmenceur	147¾ 11-2-6	Düsseldorf, Nordrhein-Westfalen, Deutschland	G	TKO	5	8
1970-11-20	Ralph Charles	34-2-0	Wiener Stadthalle, Vienna, Österreich	V	KO	12	15
~ EBU (European) Weltergewicht Titel ~							
1970-09-03	Eddie Perkins	147 58-15-2	Stadthalle, Vienna, Österreich	V	KO	4	10
1970-04-09	Carmelo Bossi	38-5-2	Stadthalle, Vienna, Österreich	G	PKT	15	15
~ Ringrichter: Ben Bril ~							
~ EBU (European) Weltergewicht Titel ~							

1970-01-26	Klaus Klein	145	20-17-8	Stadthalle, Vienna, Österreich	G	TKO	9	15
	~ EBU (European) Weltergewicht Titel ~							
1969-09-25	Jean Josselin	146	57-6-2	Stadthalle, Vienna, Österreich	G	KO	4	15
	~ EBU (European) Weltergewicht Titel ~							
1969-08-08	Agbakhume Daudu		0-1-0	Wiener Neustadt, Österreich	G	TKO	7	10
1969-04-11	Don Davis		16-16-1	Stadthalle, Vienna, Österreich	G	PKT	10	10
1969-03-15	Ferdinand Ahumibe		9-7-4	Olympia Halle, Innsbruck, Österreich	G	TKO	5	10
1969-02-04	Osei Cofi		4-13-1	Stadthalle, Vienna, Österreich	G	TKO	8	8
1968-11-28	Joe Africa		5-13-2	Olympia Halle, Innsbruck, Österreich	G	TKO	9	10
1968-11-05	Aldo Battistutta	147	21-10-3	Vienna, Österreich	G	TKO	6	10
1968-09-30	Giuseppe Occhipinti		4-9-5	Donau Park Hall, Vienna, Österreich	G	PKT	10	10
1968-05-07	Bruno Arcari	136	22-2-0	Stadthalle, Vienna, Österreich	V	TKO	12	15
	~ EBU (European) Halbweltergewicht Titel ~							
1968-04-09	Jean Brucellari		15-10-3	Vienna, Österreich	G	TKO	2	10
1967-12-05	Juan (Sombrita) Albornoz		67-7-3	Vienna, Österreich	U	PKT	15	15
	~ EBU (European) Halbweltergewicht Titel ~							
1967-11-11	Klaus Jacoby		6-3-3	Deutschlandhalle, Berlin, Deutschland	G	KO	7	10
1967-10-20	Fernand Nollet		47-19-16	Stadthalle, Vienna, Österreich	G	PKT	10	10
1967-09-12	Juan (Sombrita) Albornoz		66-6-3	Stadthalle, Vienna, Österreich	G	KO	11	15
	~ EBU (European) Halbweltergewicht Titel ~							
1967-07-11	Abderamane Faradji		21-17-2	Stadthalle, Vienna, Österreich	G	TKO	6	10
1967-06-06	Conny Rudhoff		64-6-4	Stadthalle, Vienna, Österreich	G	PKT	15	15
	~ EBU (European) Halbweltergewicht Titel ~							
1967-05-09	Klaus Jacoby		5-2-2	Vienna, Österreich	G	PKT	10	10
1966-12-04	Jarmo Bergloef		11-2-5	Vienna, Österreich	G	PKT	8	8
1966-09-06	Franco Rosini		29-30-4	Vienna, Österreich	G	PKT	8	8
1966-06-07	Jarmo Bergloef		9-2-5	Vienna, Österreich	V	TKO	4	6
1966-05-13	Karl Furcht		15-14-8	Vienna, Österreich	G	KO	3	8
1966-04-15	Frans Meganck		6-1-1	Vienna, Österreich	G	KO	3	8
1966-03-11	Teddy Lassen		13-5-0	Vienna, Österreich	G	TKO	6	6
1965-12-01	Hans-Peter Schulz	132¾	2-10-5	Stadthalle, Vienna, Österreich	G	TKO	2	6
1965-10-15	Pierre Tirlo		5-10-1	Stadthalle, Vienna, Österreich	G	KO	5	6
1965-09-14	Natale di Manno		1-1-1	Stadthalle, Vienna, Österreich	G	TKO	4	6
1965-09-03	Josef Metz		2-1-1	Vienna, Österreich	G	KO	5	6
1965-07-30	Mario Batzu		1-0-1	März Ring, Vienna, Österreich	G	KO	1	6

Gewichtsklassen im Profiboxen von 1970-2010

Gewichtsklassen 1970:

Fliegengewicht	50,820 kg
Bantamgewicht	53,525 kg
Federgewicht	57,125 kg
Junior Leichtgewicht	58,964 kg
Leichtgewicht	61,237 kg
Halb-Weltergewicht	63,500 kg
Weltergewicht	66,678 kg
Junior Mittelgewicht	69,850 kg
Mittelgewicht	72,574 kg
Halbschwergewicht	79,378 kg
Cruisergewicht	86,183 kg
Schwergewicht	+ 86,183 kg

Von damals 12 gibt es bis dato schon 18 oder 19 Gewichtsklassen, je nach Profiboxverband. Mehr Gewichtsklassen bringen mehr Titelträger, mehr Veranstaltungen und letztendlich mehr Einnahmen.

Gewichtsklassen Profiboxer 2010:

Minifliegengewicht	47,627 kg
Halbfliegengewicht	48,988 kg
Fliegengewicht	50,802 kg
Super-Fliegengewicht	52,163 kg
Bantamgewicht	53,525 kg
Super-Bantamgewicht	55,225 kg
Federgewicht	57,153 kg
Super-Federgewicht	58,967 kg
Leichtgewicht	61,235 kg
Halb-Weltergewicht	63,503 kg
Weltergewicht	66,678 kg
Halb-Mittelgewicht	69,850 kg
Mittelgewicht	72,574 kg
Super-Mittelgewicht	76,203 kg
Halbschwergewicht	79,378 kg
Cruisergewicht	86,383 kg
Leicht-Schwergewicht	90,719 kg
Superleicht-Schwergewicht	95,254 kg
Schwergewicht	+ 95,254 kg

Kapitel 6

Beruf, Familie und Freunde

Das Leben nach dem Boxen

Nach dem letzten Boxkampf am 5.11.1974 änderte sich für Hans Orsolics das Leben von einem Tag auf den anderen. Obwohl er selbst des Boxens müde war, hatte Hansi, was man bei älteren Menschen einen Pensionsschock oder heute auch „Burn-out" nennt - die momentane Erkenntnis, dass das Leben, das er über 10 Jahre geführt hatte, sich ganz plötzlich geändert hat. Nichts war mehr so, wie es vorher war. Die große Show des Profiboxsports, die so viel an Anziehungskraft, Ruhm und Glanz besitzt, aber auch schwere Opfer der Akteure fordert, war vorbei.

Über 10 Jahre bestimmte ausschließlich der Boxsport Hansis Leben. Tag für Tag derselbe Ablauf nach Trainingsplan, Ernährungsplan, Anweisungen des Managers und Trainers, was zu tun war. Alle Entscheidungen wurden vorgegeben und Hansi hatte sich daran zu halten. Ein Profiboxer zur damaligen Zeit hatte keine eigenen Wünsche, außer:

erfolgreich zu sein, zu siegen, den Manager, den Trainer, das Publikum, die Fans und die Presse bei Laune zu halten.

Eine Marionette im großen Zirkus des Profiboxsports und des Geldverdienens. Der einzelne Boxer bedeutet im großen Geschäft des Profiboxsports nichts, jeder ist ersetzbar. Tritt ein Champion ab, kommt der nächste und dann wieder der nächste. Die Bühne des Profiboxsports - der Ring, mit ständig wechselnden Schauspielern.

Hansi war, wie Tausende andere Profiboxer der Welt, ein Akteur auf Zeit, allein gelassen im Leben und in seiner wichtigsten Entwicklungsphase, der Jugend. Während sich andere Jugendliche vergnügten, im Sommer baden gingen, abends in die Diskothek, bestimmte ausschließlich der Boxsport

Hansis Leben. Boxen war Hansis Religion und die Manager, Trainer und Veranstalter die Götter, die Hansi verehrte.

Wie enttäuscht muss ein Mensch sein, wenn er erkennt, dass die Götter, die er angebetet hat, denen er vertraut hat und denen er seine Gesundheit geopfert hat, gar keine Götter waren. Die Religion Boxsport stellte sich als eine Lüge heraus, es war gar keine Religion sondern die Hölle auf Erden. Heute Star der Nation und morgen Buhmann der Nation. Hansi hatte gelernt, dass nur der totale Kampf, die Vernichtung des Gegners von allen gewünscht wurde. Schlug er im Ring einen Gegner k.o., tobte das Publikum, verehrte ihn und trug ihn auf den Schultern, Fotos in der Presse, Schulterklopfen, Einladungen und Ehrungen. Hatte er verloren, schlich er gebückt aus der Halle, fuhr nach Hause und schloss sich ein. Trost und Anerkennung fand er nur im Kreise seiner Familie, die den Menschen Hans Orsolics schätzte und liebte.

Für den jungen Hans Orsolics begann das Leben als Gastwirt im Gasthaus „Zum Rauchfangkehrer", ein Leben, das seine Eltern für ihn bereits vorbereitet hatten. Das Gasthaus ging gut und versorgte die Familie Orsolics mit allem, was sie brauchte. Tagtäglich gab es gutes Essen aus der eigenen Küche und viele Gäste, die ihren Hansi einmal aus der Nähe sehen wollten. Hansi war eine Berühmtheit in Wien, ein echter Profiboxer.

Wien in den 70-er Jahren

Der wirtschaftliche Aufschwung wurde 1972 durch die erste Erdölkrise gebremst. Jeder Autofahrer musste einen Tag in der Woche auf sein Auto verzichten, der „autofreie Tag" wurde eingeführt.

Die österreichischen Bauern brachten Rekordernten ein, der Markt in Österreich war übersättigt, als Folge fielen die Preise für Fleisch und Milchprodukte.

Am Rande von Wien, in Kaisermühlen, wurde die UNO City gebaut. Ende der 70-er Jahre wurde mit dem Bau der Donauinsel begonnen und das bedeutete das Ende des bisherigen Überschwemmungsgebietes.

Obwohl in den 70-er Jahren das Wort Krise immer öfter fiel, waren es doch gute Zeiten. Jeder arbeitende Mensch in Österreich konnte sich ein Auto leisten, wenn auch oft nur ein gebrauchtes. In den meisten Fabriken gab es sogenannte Akkordlöhne, die Arbeiter wurden nach produzierten Stückzahlen entlohnt, welche ein Vielfaches des gesetzlichen Kollektivlohns ausmachten. Die Produktionen in allen Bereichen legten Sonderschichten ein, es wurde produziert und verkauft. Die Wirtschaft boomte. Die Bevölkerung kaufte Autos, Fernseher, Plattenspieler, Spielzeug für Kinder. Kurz und gut, alles wurde gebraucht und gekauft. Die großen Einkaufszentren in Wien hatten Hochsaison, es gab viele Neueröffnungen von Geschäften.

Die österreichischen Arbeitskräfte allein reichten nicht aus, die anfallenden Produktionen zu erfüllen, erste Fremdarbeiter aus den ehemaligen Staaten Jugoslawiens kamen nach Wien. Das Zusammenleben mit den Wienern funktionierte, wenn auch auf Plakaten zu lesen war: „I haaß Kolaric, du haaßt Kolaric, warum sogn's zu dir Tschusch?" Die Fremdarbeiter wurden jedoch gebraucht und von den Wienern akzeptiert. Der jugoslawische Hausmeister gehörte zum Stadtbild von Wien.

Das Zeitalter der Diskotheken begann, die aus den 50-er Jahren stammenden Tanzcafes wurden immer weniger. Laute Musik und grell zuckendes Licht war gefragt bei der Jugend. Die Musik war wild, genau wie die Jugend dieser Zeit.

Gasthaus „Zum Rauchfangkehrer"

Aus den Verdiensten der ersten Kämpfe kaufte die Familie Orsolics ein Gasthaus in der Goldschlagstraße im 15. Wiener Gemeindebezirk und führte dieses als gutbürgerliches Wiener Gasthaus, mit dem treffenden Namen „Zum Rauchfangkehrer". Das Gasthaus sollte Hansi nach dessen Boxkarriere eine Existenz bieten und alle Familienmitglieder halfen mit.

Hansi wurde nach dem Boxen mit einem Mal vom grellen Rampenlicht des Rings in die dunkle, verrauchte Gaststube verbannt, jedenfalls empfand er es innerlich als Verbannung, als eigenes Versagen. Es war nicht leicht, die Bretter des Rings mit dem Bretterboden des Gasthauses zu tauschen. Der Kampf

im Leben ist härter als auf den Brettern des Rings. Im Ring ist der Gegner abschätzbar, es gibt Regeln und es gibt einen Betreuer, der ständig da ist. Im Ring regelt der Ringrichter das Geschehen, im Leben treten anstelle dessen Ämter, Behörden und Gerichte - alles unbekannte Faktoren im Leben des Hans Orsolics.

Wie eben ein guter Amateurboxer nicht automatisch zu einem guten Profiboxer wird, so wenig wird aus einem guten Profiboxer ein guter Gastwirt.

Damals hatten die Gasthäuser in Wien einen anderen Stellenwert als heute. Das Gasthaus war der gesellschaftliche Treffpunkt schlechthin. Im Gasthaus traf man Freunde, spielte Karten, trank ein paar Gläschen, diskutierte über Sport und Politik, jeder hatte seine eigene Meinung, jeder hatte etwas zu sagen. Das Gasthaus war sozusagen der kulturelle Treffpunkt der Wiener und hatte einen fixen Stellenwert im Leben der Arbeiter.

Während Gasthäuser vorwiegend von Arbeitern besucht wurden, gingen Angestellte, Beamte und Akademiker in Kaffeehäuser. Dort spielte sich im Prinzip dasselbe Geschehen ab, nur wurde meist statt Karten Schach oder Billard gespielt und Hochprozentigeres genossen.

Die Arbeiter bekamen jeden Freitag ihren Lohn bar ausbezahlt und ihr erster Weg führte meist ins Gasthaus. Oftmals blieb der Familie zu Hause kein Schilling, die Väter hatten in einer Nacht den Lohn einer Woche vertrunken oder bei Kartenspiel oder Spielautomaten verspielt.

Dementsprechend laut und manchmal auch wild ging es in den Gasthäusern zu. Ein Freitag ohne Rauferei war nicht denkbar. Meist waren es dieselben, die rauften, und nur selten kam ein Unschuldiger zum Handkuss. Das war echte Wiener Gasthauskultur und Gesprächsstoff bis nächsten Freitag.

Die Gastwirte der damaligen Zeit, ausnahmslos Österreicher, meist Wiener, aber auch Burgenländer und Waldviertler, waren Ikonen in ihren Lokalen. Der Gastwirt war der Gott der Gaststätte, was er sagte, wurde gemacht, ein böser Blick genügte, um laute Schreier zur Ruhe zu bringen. Der Gastwirt war auch Polizist und Richter in seinem Lokal. Er schlichtete Streitereien, versorgte Wunden und bestimmte, wer recht hatte und wer nicht.

Der Gastwirt war auch neben dem Pfarrer die erste Ansprechperson im Leben eines Arbeiters. So mancher betrunkene Arbeiter beichtete dem Gastwirt größere Sünden als dem Pfarrer, verriet, dass ihn seine Frau betrog und noch so manches andere Leid. Der Gastwirt übernahm dabei die Rolle des Seelentrösters, spendete ein paar Stamperl und dann war die Welt wieder in Ordnung. Es war oft nicht leicht, Gastwirt zu sein in einer Zeit, als die Zigaretten einzeln verkauft wurden und Kinder für ihre Väter am Sonntag ein Krügerl

Bier aus dem Gasthaus holten.

Ein wesentlicher Bestandteil der Rolle des Gastwirtes war der finanzielle Ausgleich der Schulden der Gäste. Auf sogenannten „Deckeln" wurde die Zeche einer Woche aufgeschrieben und am Freitag nach Lohnerhalt beglichen. Nach einer durchzechten Woche reichte der Wochenlohn oftmals gar nicht zur Begleichung der Schulden aus. Der Gastwirt führte Buch über die Schulden der Gäste wie ein Bankbeamter, genau und penibel wurde über jedes nichtbezahlte Gläschen Buch geführt und jede Zahlung vermerkt.

Waren Gäste in Not, borgte der Gastwirt Geld zur Überbrückung der ärgsten Not. Um ein guter Gastwirt zu sein, musste man viele Anforderungen erfüllen, vor allem aber bedurfte es einer guten Menschenkenntnis, um mit dem schwierigen Publikum auszukommen.

In Wien gab es unfreundliche Gastwirte, finster dreinblickend, aber mit schönem Lokal, gutem Essen und billigen Getränken, und sie hatten volle Lokale. Fast alle Lokale in Wien waren zu dieser Zeit gut besucht, den Österreichern ging es noch gut, es wurde Geld ausgegeben und viel getrunken. Große Weinhallen entstanden, wo billiger Wein ausgeschenkt wurde. Gegen Kupons, die man an einer Kassa kaufen konnte, bekam man an der Theke das gewünschte Achterl oder Vierterl Wein. Es gab vorwiegend Stehtische, sitzen durfte nur, wer auch Essen bestellte. Das Trinken im Stehen brachte Vorteile. Sobald der Wirt sah, dass ein Gast stark torkelte und nicht mehr ste-

hen konnte, war es vorbei mit dem Alkohol, der sonst reichlich ausgeschenkt wurde.

Wer gegen die Hausordnung des Gasthauses verstieß, wurde nach dem Grad seines Verschuldens bestraft. Die mildeste Strafe war die Einladung des Wirtes auf einen großen Schnaps, gefolgt von Lokalrunden. Härtere Strafen waren schon der Rauswurf aus dem Gasthaus an diesem Abend oder gar ein befristetes oder unbefristetes Lokalverbot als härteste Strafe. Aus seinem Stammlokal, dem zweiten Zuhause, verbannt zu werden, war für Wiener eine härtere Strafe als ein paar Wochen im Landesgericht zu sitzen.

Das Gasthaus „Zum Rauchfangkehrer" im 15. Bezirk war eines von vielen Vorstadtgasthäusern dieser Zeit, ein typischer Familienbetrieb. Das Herzstück war Mutter Aloisia, die tagtäglich in der Küche kochte und Mädchen für alles war. Sie kochte, putzte, bestellte die Waren und hielt den Betrieb aufrecht. Sie war von früh bis spät im Gasthaus, die Seele des Hauses.

„Ihren Hansi" hegte und pflegte die Mutter ganz besonders. Er war ihr Liebling und oft verstand sie nicht, warum er bei ihrer guten Hausmannskost hungerte. Iss was, Hansi - und der durfte nicht, wegen seines Gewichtes. Jahrelange Hungerkuren bei vollen Töpfen, dazu gehört eiserner Wille und Disziplin.

Mit dem Tod von Hansis Mutter verlor das Gasthaus den guten Hausgeist, den Menschen, der überall Hand anlegte und alles in Ordnung hielt. Zur großen Trauer um die Mutter kam für Hansi mit einem Mal die Erkenntnis, Verantwortung tragen zu müssen und selbst der Chef zu sein. Schwer für einen Profiboxer, der Runde für Runde von seinem Trainer und Betreuer Anweisungen erhielt, wie er in der nächsten Runde vorgehen sollte. Wie er sich durchschlagen könnte, um zu bestehen.

Hansi verlor mit der Mutter auch seine Managerin und Trainerin im Leben, und selbst zu entscheiden, fiel ihm schwer. Er wollte niemandem Schaden zufügen und allen alles recht machen.

Die Rolle als Gastwirt gefiel Hansi anfänglich, er war freundlich und vor allem hilfsbereit. Allerdings viel zu hilfsbereit, konnte nicht Nein sagen, auch nicht bei Einladungen. So begann ein Kreislauf, der zwar genügend Gäste brachte - Hansi war und ist ein Idol der Wiener - aber immer weniger Einnahmen. Falsche Freunde nutzten Hansi aus, borgten sich Geld und trieben den armen, gutgläubigen Kerl langsam aber sicher in den Ruin.

Hansi war jahrelang eigentlich nur Zuschauer in seinem eigenen Leben. Er versuchte, aus dem Leben auszubrechen, doch wohin? Enttäuschungen, Verzweiflung und keine Zukunftsperspektive. Die „guten Freunde" waren weg, wie ein Sprichwort sagt: „Warst du mal in Not, waren alle Freunde tot." Das ist

Früher kämpfte Hansi im Ring und trainierte hart, jetzt kämpfte er im Lokal am Flipper.

wohl die beste Beschreibung für das Leben des jungen Rauchfangkehrers aus Wien, der zwei Mal Europameister wurde und ganz Wien in seinen Bann gezogen hat.

Schicksalsschläge - Tod der Mutter, Scheidung, Tod von Sylvia

Am 11.5.1976 traf Hansi und seine Familie ein schwerer Schicksalsschlag. Seine geliebte Mutter verstarb nach einem Herzinfarkt, drei Tage vor Hansis Geburtstag. Die Mutter, die seit seiner Geburt die Bezugsperson in seinem Leben war und die ihm in den schweren Zeiten des Profiboxsports stets zur Seite stand, war plötzlich nicht mehr da. Der Tod der Mutter war nicht nur ein schwerer Schlag für Hansi, seine Lebensmanagerin war gestorben, die Frau, die ihn von Kind an geliebt, gehegt und gepflegt hatte, gab es auf einmal nicht mehr.

Die Mutter wurde nach alter Sitte in der Wohnung in Kaisermühlen aufgebart, wo die Familie, Verwandte und Freunde von der Toten Abschied nehmen konnten. Hansi saß weinend am Bett der toten Mutter. Er konnte nicht verstehen, warum die Mutter sterben musste, und dachte an die schönen Zeiten seiner Kindheit, als die Mutter noch alle Fehler und kleinen Sünden Hansis verzieh. Er wollte doch der Mutter ein besseres Leben ermöglichen, ihr sogar ein Schloss kaufen, und nun war die Mutter tot.

Die Beerdigung der geliebten Mutter erfolgte am 14.5.1976, dem 29. Geburtstag Hansis, in Neuberg im Burgenland. Beim Begräbnis war ein gebrochener Hans Orsolics zu sehen, der Tod seiner Mutter ging ihm sehr nahe.

Hansi fiel der Abschied von seiner Mutter schwerer, als er es zeigte. Er war zu dieser Zeit schwersten psychischen Belastungen ausgesetzt, sechs Wochen vor dem Tod der Mutter ließ sich Ehefrau Evelyn von ihm scheiden. Die

Trennung war wie die vorangegangene Ehe. Evelyn stellte Hansi einfach ihren neuen Freund vor und verlangte die Scheidung, in die Hansi gebrochen einstimmte. Das Leben hatte damals wenig Sinn für ihn, das Schicksal meinte es nicht gut mit dem Rauchfangkehrer aus Wien.

Die einzige Stütze in dieser schwierigen Lebenssituation war Schwester Erika, die von Kind an eine Art Ersatzmutter für Hansi war und ihn in allen Lebenslagen unterstützte.

Schwester Erika übernahm die Rolle der Mutter, hatte aber außer Vater und Hansi auch ihre Familie und das Gasthaus zu versorgen. Die viele Arbeit und die Sorge um Hansi verursachten einen Zusammenbruch der geliebten Schwester. Zur Entlastung Erikas stellte Hansi eine junge, hübsche Servierin ein, in die er sich verliebte.

Nur wenige Monate nach dem Kennenlernen wurde Sylvia schwanger, Tochter Natascha wurde am 16.6.1979 geboren und Hansi war glücklicher Vater.

Der nächste Schicksalsschlag, der Hansi erwartete, war der plötzliche Herztod von Sylvia 1984, Töchterchen Natascha war gerade 5 Jahre alt.

Karriere als Sänger - „Mei potschertes Leb'n"

Im Dezember 1985 begann eine neue Karriere des Hans Orsolics, als er auf den Musikproduzenten Charly Kriechbaum traf. Dieser war derart von der Person Hansis fasziniert, dass er ihm innerhalb eines Tages ein Lied schrieb, der Text könnte nicht treffender sein: „Mei potschertes Leb'n".

Am 13.1.1986 trat Hans Orsolics, der singende Boxer und Rauchfangkehrer, das erste Mal mit seinem Lied auf der ORF-Bühne auf und damit begann

ein riesiger Erfolg.

Bereits einen Monat später verdrängte Hansi Falco von Platz 1 der Charts und war 6 Wochen lang die Nummer 1 in Österreich. In den ersten vier Wochen nach Erscheinen des Songs ging dieser fast 50.000 Mal über das Verkaufspult.

Bei seinen Auftritten standen die Fans Schlange, um von Hansi ein Autogramm zu erhalten. Vor allem die weiblichen Fans himmelten ihn an.

Es folgten zahlreiche Auftritte in Diskotheken und bei Veranstaltungen. Sämtliche Einnahmen aus dem Musikgeschäft wurden für die Tilgung von Schulden aus der Vergangenheit herangezogen - Hansi blieb kein Schilling übrig.

Wie auch beim Boxen war der große Rummel bald vorüber. Was blieb, ist ein Lied, in dem sich Hansi nicht nur selbst besingt, sondern sich in den Herzen der Fans verewigt.

Noch heute springen Zuschauer von ihren Plätzen, wenn Hansi im Ring sein „potschertes Leb'n" besingt. Er bleibt eben unvergessen, unser Hansi.

Nach der überstandenen Krebserkrankung bestieg Hans Orsolics am 28.2.2010 in der Wiener Lugner City wieder den Ring, nicht als Boxer, sondern als Sänger. Bei einer Profiboxgala als Charity-Veranstaltung zugunsten der Krebsforschung des AKH Wien besang er endlich wieder „sein potschertes Leb'n".

… I hob verlurn, wia nur ana verliern kann, der a Herz statt an Hirn hot …

Die Arbeit beim ORF

Während sich die Wiener Stadthalle nie um den Menschen Hans Orsolics gekümmert hat, hatte der ORF (Österreichischer Rundfunk) Europameister Hans Orsolics nicht vergessen und Hansi bekam von höchster Stelle einen Job angeboten, den er freudig annahm.

So begann Hans Orsolics 1989 in der Druckerei des ORF zu arbeiten, eine Beschäftigung, die ihm von Beginn an gefiel. Jeder kannte ihn und die Kollegen waren nett und freundlich.

Hansi arbeitete von 1989 bis zu seiner Krebserkrankung 2009 in der Druckerei des ORF, von den Vorgesetzten wegen seines Fleißes und seiner Pünktlichkeit gelobt.

Jeden Tag stand Hansi um 5 Uhr früh gemeinsam mit Gattin Roswitha auf, stürmisch begrüßt vom heißgeliebten Hund, mit dem er nach einem Schluck Kaffee einen Morgenspaziergang machte.

Hans Orsolics ist seit seiner Jugend ein besonderer Tierfreund, er liebt Tiere über alles. Wie viele Wiener Haushalte hatte auch die Familie Orsolics immer einen Wellensittich, der tagsüber frei in der Wohnung flog und nur am Abend in seinen Käfig gesperrt wurde. Erst abgedeckt mit einem Tuch schlief der Vogel. Eine Aufgabe, die Hansi jeden Tag selbst erledigte.

Die Liebe zu Hunden konnte sich Hansi erst mit Ehefrau Roswitha erfüllen, die gleich ihm eine Hundeliebhaberin ist. Ares, der derzeitige Hund der Familie, wird gehegt und gepflegt und ist der Liebling von Roswitha und Hansi.

Kapitel 7

Hansis „potschertes Leb'n"

Geld und Boxen

In seiner 10-jährigen Karriere als Profiboxer hat Hans Orsolics Bruttobörsen von über 4 Millionen Schilling verdient. Ein riesiges Vermögen zur damaligen Zeit, aber dennoch nicht genug. Nicht genug in zweierlei Hinsicht: erstens erhielt Hansi diese Summe nie ausbezahlt und zweitens hätte er mehr bekommen sollen, als er erhalten hat. Bei vielen Kämpfen wurde der kleine Rauchfangkehrerbub aus Wien im Hinblick auf seine Gegner mit geradezu lächerlichen Gagen abgespeist. Es war für viele ein Leichtes, den einfachen Menschen Hans Orsolics finanziell zu übervorteilen. Während Hansi für ein paar Tausend Schilling seine Gesundheit und sein Leben aufs Spiel setzte, verdienten andere Millionen.

Manche meinen, Hansi hatte Gagen von einer halben Million, und da ist nichts geblieben? Diese halbe Million war Bruttobörse, davon nimmt der Manager 33 Prozent, der nationale Boxverband 5 Prozent, der Europaverband 5 Prozent, übrig bleiben exakt 285.000 Schilling, die der Boxer ausgehändigt bekommt. Dann kommen Beiträge für Sozialversicherung und das Finanzamt. Dem Boxer blieben letztendlich etwa 200.000 Schilling übrig.

Im Kopf verdiente Hansi 500.000 Schilling, ein Wahnsinn, wie viel Geld das war, sagte Hansi selbst. In der Tasche hatte er aber tatsächlich nur etwa 200.000 Schilling. Wie sollte ein kleiner Rauchfangkehrer realisieren, dass Bruttoverdienst nicht gleich Nettoverdienst war?

Hansi befand sich wie auf einem Karussell, das sich drehte und drehte, die Musik spielte und alles war schön und lustig. Auf einmal war der Strom aus, das ganze Werkel blieb stehen und keine Musik spielte mehr.

Hansi fühlte sich ausgeschlossen, er hatte keinen Wert mehr, womit die Höhe der Börse eines Boxers gemeint ist. Je nach Erfolg besitzt ein Profiboxer einen Werbewert und einen Marktwert. Den Werbewert erlangt ein Boxer dadurch, wie oft er in öffentlichen Medien vorkommt oder wie oft er auftritt und welche Gagen er dafür erhält.

Der Marktwert ist der Werbewert des Boxers in Verbindung mit seinen sportlichen Erfolgen. Je mehr gewonnene Kämpfe, desto höher die Börse. Je mehr Gegner ein Boxer vernichtend schlägt, desto mehr verdient er. Das prägt einen Menschen nachhaltig, Hansi hat das in seiner wichtigsten Entwicklungsphase, der Jugend, eindrucksvoll erfahren. Schlag ihn k.o., dann bist du der Sieger.

Man kann einen Boxer mit einem guten Rennpferd vergleichen, das sorgsam aufgezogen, gehegt und gepflegt wird, bis es die ersten Rennen bestreiten kann. Bringt das Pferd die gewünschten Erfolge, geht es ihm gut, es bekommt zu fressen und wird jeden Tag trainiert, gestriegelt und mit Leckereien belohnt. Bringt das Pferd die gewünschten Erfolge nicht, ist es ein nutzloser Fresser, der Geld kostet - und wandert zum Pferdefleischhauer. Der Pferdefleischhauer bleibt aber auch dem erfolgreichen Pferd nicht erspart, denn irgendwann sind der Erfolg und die Glanzzeit der Siege vorbei, das Pferd müde und ausgelaugt. Der Zeitpunkt für den Fleischhauer.

Geht man davon aus, dass Hans Orsolics in seiner 10-jährigen Karriere etwa 4 Millionen Schilling verdient hat, tatsächlich aber nicht einmal 2 Millionen Schilling netto erhalten hat, bleibt ein durchschnittlicher Monatsverdienst von etwa 16.500 Schilling. Der Verdienst hält sich, sieht man die Strapazen des Trainings und die Risiken im Kampf, eher in Grenzen und ist schnell vergänglich, betrachtet man das Umfeld und Hansis sorglosen Umgang mit Geld.

Wien in den 80-er Jahren

Mit den 80-er Jahren begann eigentlich das Zeitalter des neuen, modernen Wiens. Durch die Fertigstellung der Donauinsel wurde ein wunderschönes Freizeitparadies mitten in Wien geschaffen. Seit 1988 wurde Wien trotz vieler verheerender Hochwasser in Österreich kein einziges Mal überflutet, das Entlastungsgerinne, die Neue Donau, erfüllt seinen Zeck und schützt Wien.

Der ehemals gefährdete Handelskai war sicher geworden, es siedelten sich große Firmen an und der Umbau einer großen Freihandelszone im Wiener Hafen wurde geplant und begonnen. Der Bau der Südost-Tangente entlastete den Verkehr in Wien enorm und sie wurde zur Hauptverkehrsader Wiens.

Durch die Erdölkrise bedingt, gewann der Transportweg Wasser immer mehr an Bedeutung und somit wurde Wien an der Donau das Tor zum Osten.

Der Wirtschaftsboom der 70-er Jahre ließ langsam nach, Arbeitsplätze standen nicht mehr unbegrenzt zur Verfügung.

Die großen Weinhallen verschwanden und wichen gutbürgerlichen Gaststätten. Die Sommerurlaube verbrachten die Familien in Jugoslawien und Griechenland, auch die Türkei wurde zum Tourismusland. Im Winter konnte man sich eine Woche Winterurlaub leisten, die ganze Familie fuhr Schi, am Abend gab's Hüttengaudi und Party. Die Österreicher genossen ihr Leben und das Geld, das sie verdienten.

Boxen und Frauen

Hansi hatte dank seines Aussehens und seiner typischen Wiener Art nie Probleme, Frauen kennenzulernen, vielleicht gelang es ihm etwas zu leicht. Er war jedoch von sich aus schüchtern, kein Macho und Aufreißertyp. Das machte ihn zu einer leichten Beute für Frauen. Doch nicht alle meinten es gut mit ihm und er machte zahlreiche schlechte Erfahrungen.

Frauen, die im Leben des Hans Orsolics eine Bedeutung spielten:

Evelyn

1970 heiratete Hansi seine erste Frau Evelyn. Sie stammte aus einem gutbürgerlichen Haus und war eine lebenslustige junge Frau, die den Rummel und Trubel um den Star Hans Orsolics genoss. Ein Leben in Saus und Braus trieb Hansi von Kampf zu Kampf, von Börse zu Börse. Er musste boxen, um Geld zu verdienen. Die Ehe endete mit der Scheidung am 1.4.1976.

Sylvia

Hansi lernte Sylvia kennen, eine junge hübsche Serviererin, die in seinem Lokal arbeitete. Schon nach kurzer Zeit eröffnete Sylvia ihrem Hansi, dass sie schwanger war. Am 16.6.1979 wurde Töchterchen Natascha geboren, das Nesthäkchen der ganzen Familie. Besonders Hansi war sofort in seine kleine Tochter verliebt und vergötterte sie.

Sylvia starb am 19.3.1984 im Alter von 27 Jahren an Herzversagen. Der Tod war ein schwerer Schlag für Hansi, er begriff ihn nicht, schrieb der geliebten Sylvia Briefe, obwohl diese schon tot war. Er konnte nicht verstehen, dass seine Sylvia gestorben war. Es war eine sehr schwere Zeit für Hansi, der allein mit seinen Gedanken und seiner Trauer war.

Hilfe in dieser schweren Situation bot die Familie, Schwester Erika und Schwägerin Erika kümmerten sich liebevoll um die kleine Natascha. Sie wuchs bei Bruder Edi und dessen Frau Erika gemeinsam mit deren Sohn

Daniel auf und nannte Hansis Schwägerin Mutter. Natascha wuchs gutbürgerlich auf, absolvierte das Gymnasium mit Matura und bestreitet ihr Leben sehr erfolgreich.

Ehefrau Roswitha

1986 traf Hansi die Liebe seines Lebens und heutige Ehefrau, Roswitha. Er lernte sie im Gasthaus „Zum lustigen Steirer" kennen, das Gasthaus gehörte Roswithas Mutter, und Hansi verliebte sich unsterblich in seine Roswitha.

Die zahlreichen Besuche im Gasthaus ihrer Mutter brachten Hansi nicht den gewünschten Erfolg. Erst als er vor dem Lokal von einem Hund im Gesicht gebissen wurde und blutend ins Lokal kam, wurde er von Roswitha liebevoll verarztet und der gemeinsame Weg der beiden begann.

Vier Wochen nach dem Kennenlernen hielt Hansi nach alter Sitte bei der Mutter Roswithas um die Hand ihrer Tochter an. Beide sagten sofort Ja und am 13.3.1986 fand die Hochzeit statt. Tochter Natascha streute bei der Hochzeit ihres Vaters Blumen im Standesamt. Roswitha brachte zwei Söhne aus vorheriger Ehe mit, Willy und Christian.

Seit nunmehr 24 Jahren leben Hansi und Roswitha glücklich zusammen. Hansi betont immer wieder, wie wichtig Roswitha für sein Leben war und ist. Roswitha wurde zur Lebensmanagerin von Hans Orsolics und ist seit 1998 in der Wiener Volksoper beschäftigt.

Schicksalsschläge im Leben des Hans Orsolics

Entscheidende Boxkämpfe verloren

Hans Orsolics hat 10 Jahre lang, nämlich von 1965-1975, österreichische Boxsportgeschichte geschrieben. Er war das Idol, 10 lange Jahre. Er hat 53 Profiboxkämpfe bestritten und 42 davon gewonnen, 28 durch K.o. 3 Kämpfe hat Hansi unentschieden geboxt und nur 8 verloren.

Doch gerade diese verlorenen Kämpfe waren es, die letztendlich dem Champion zusetzten und ihm die Religion Boxsport unverständlich werden ließen. Von den 11 Europameisterschaftskämpfen hat Hansi 5 gewonnen, 5 verloren und 1 Mal unentschieden geboxt.

Der größte Managerfehler in der Boxsportgeschichte, nämlich der Kampf gegen Eddie Perkins als Vorbereitungskampf für eine bereits vertraglich zuge-

sicherte Weltmeisterschaft, war der entscheidende Wendepunkt im Leben und der sportlichen Karriere des Hans Orsolics. Nicht nur das schwere K.o. sondern vor allem der Aufprall auf dem harten Ringboden verursachten eine zweifache schwere Gehirnerschütterung innerhalb einer Sekunde.

Seitens des österreichischen Profiboxverbandes hätte zum Schutz der Gesundheit des Profiboxers Hans Orsolics eine mehrmonatige Sperre nach einer so schweren K.o.-Niederlage ausgesprochen werden müssen, doch da hätte der Verband finanzielle Einnahmen eingebüßt.

Es ist ein dunkles Kapitel in der österreichischen Boxsportgeschichte und der junge Profiboxer Hans Orsolics fiel der Gier einiger Manager zum Opfer, die nicht seine Karriere sondern den eigenen finanziellen Vorteil im Kopf hatten. Sie klopften Hansi freundlich auf die Schulter und lobten ihn über alle Maßen, aber hinterrücks wurde er schamlos betrogen und ausgenützt. Mit dem „kleinen Rauchfangkehrer" aus Kaisermühlen hatten alle leichtes Spiel und schnell verdientes Geld.

Hans Orsolics wird immer noch in den ewigen Ranglisten der Profiboxer geführt und unter www.boxrec.com sind alle seine Kämpfe aufgelistet.

Tod der Mutter

Der frühe Tod der Mutter war das einschneidendste Erlebnis für den erst 29-jährigen Hans Orsolics. Mit ihrem Tod fehlte die wichtigste Stütze im Leben des jungen Ex-Profiboxers. Er konnte ihren Tod nur sehr schwer verarbeiten. Seine Schwester Erika versuchte zwar, sie zu ersetzen, doch diese hatte eine eigene Familie und war damit maßlos überfordert.

Probleme mit dem Finanzamt

Wer kennt sie nicht, die Probleme mit dem Finanzamt? Auch Hansi hatte sie. Der junge Hans Orsolics verdiente bereits im Alter von 18 Jahren gut mit seinen Boxbörsen. Unmittelbar nach dem Kampf erhielt jeder Boxer seine Börse netto und in bar ausbezahlt. Von der Bruttobörse blieb sowieso nur ein wenig mehr als die Hälfte übrig und dass dann auch noch Steuern an das Finanzamt zu zahlen waren, daran dachte Hansi gar nicht. Die Stadthalle zahlte an Manager Marchart und an Hansi. Hansi war doch der Arbeiter, der sein Geld bar auf die Hand erhielt, wie als Rauchfangkehrer. Dass im großen Geschäft des Profiboxsports sich die Raubritter des Finanzamtes auch am kleinsten Arbeiter vergreifen, konnte und kann Hansi nicht verstehen. Die Stadthalle und Marchart waren doch seine Arbeitgeber und die zahlten doch Steuern, warum also er als Schwerstarbeiter im Ring auch noch?

So kam es, dass Hansi nach Beendigung der Karriere plötzlich Steuerschulden in Höhe von einer halben Million Schilling gegenüberstand. Woher nehmen, wenn die Einnahmen aus dem Profiboxen nicht mehr da waren? Während Finanzämter heutzutage äußerst tolerant und kulant mit Schuldnern umgehen, waren die Finanzämter damals gefürchtete Institutionen und vor allem gnadenlos. Wer Schulden hatte, wurde verfolgt und gepfändet, bis die Schuld getilgt war. Hansi hat alle Schulden beim Finanzamt beglichen, dank seiner Frau Roswitha.

Alle Versuche Hansis, wieder auf die Beine zu kommen, scheiterten letztendlich auch daran, dass immer wieder alte Schulden auftauchten und die neuen Einnahmen auffraßen. Nach Abzug der offenen Schulden blieb nichts übrig, nur die Erkenntnis, wieder versagt zu haben, wieder einen Kampf verloren zu haben.

Erst als Hansi Roswitha kennenlernte, kam Ordnung in sein Leben und seine Finanzen. Roswitha kümmerte sich um alles und beide zahlten Monat für Monat an Finanzamt und Krankenkasse. Hans Orsolics hat alle seine Schulden, insbesondere Krankenkasse und Finanzamt, bis auf den letzten Schilling (Euro) beglichen.

Scheidung von Ehefrau Evelyn

Auf dem Zenit seiner Karriere lernte Hansi Evelyn kennen, eine junge lebenslustige Frau, der Hansi regelrecht verfiel. Mit Evelyn verbrachte Hansi die Goldjahre seines Lebens. Das flotte Leben verbrauchte mehr Geld, als die Börsen einbrachten, aber mit Geld aus dem Gasthaus „Zum Rauchfangkehrer" konnten finanzielle Engpässe schnell ausgeglichen werden.

Wie bei vielen jung geschlossenen Ehen lebten sich die Eheleute mit der

Zeit auseinander, die Interessen waren zu verschieden, um noch miteinander weiterzuleben. Evelyn löste die Ehe, indem sie Hansi ihren neuen Freund und künftigen Ehemann vorstellte und die Scheidung verlangte. Vollendete Tatsachen für Hansi, gegen die er machtlos war. Die Scheidung erfolgte am 1. April 1976, sechs Wochen vor dem verhängnisvollen Tod der Mutter.

Tod von Sylvia, der Mutter Nataschas

Der Tod der geliebten Lebensgefährtin Sylvia war der zweite Todesfall im engsten Familienkreis, ebenfalls ein sehr einschneidendes und trauriges Ereignis im Leben des leidgeprüften Hans Orsolics.

Hansis kleine, heißgeliebte Tochter Natascha wurde liebevoll von Bruder Edi und dessen Frau Erika aufgenommen und wuchs wie deren eigenes Kind auf.

Versagen als Gastwirt

Mit Schrecken musste Hansi erkennen, dass er trotz aller Bemühungen das Gasthaus „Zum Rauchfangkehrer", das Erbe seiner Mutter, nicht führen konnte. Die Einnahmen wurden immer weniger und ausständige Rechnungen konnten nicht mehr beglichen werden. Es ging Hansi, wie Hunderten anderen Gastwirten auch, er sperrte das Gasthaus vorübergehend zu. Dabei hatte er aber große Schuldkomplexe, das Lebenswerk seiner Mutter zerstört zu haben.

Oft in seinem Leben war Hans Orsolics nach schweren Schicksalsschlägen niedergeschlagen, verzweifelt und litt an Depressionen. Indirekt gab sich Hansi am Tod der Mutter die Schuld, da sie von früh morgens bis spät in die Nacht trotz schweren Herzleidens im Gasthaus gearbeitet hatte.

Tod des Vaters

Nach dem Tod der Mutter übernahm der Vater gemeinsam mit Schwester Erika die Führung des Gasthauses „Zum Rauchfangkehrer". Der Vater war jedoch ebenfalls ein gebrochener Mann und nach der Schließung des Gasthauses zog er zurück ins Burgenland nach Neuberg, wo er die Jugend verbracht hatte und seine Frau begraben war. Er starb am 1.9.1988 an einem Herzinfarkt, genau wie Hansis Mutter, und fand seinen Platz neben ihr am Friedhof in Neuberg.

Der Tod des Vaters weckte wiederum Erinnerungen - an den Tod der Mutter und an den Tod der Lebensgefährtin Sylvia - und verursachte Trauer und Depressionen.

Hansi und Schwester Erika sind die einzigen, die von der Familie Orsolics noch am Leben sind. Bruder Edi verstarb am 4.6.1990 und Bruder Fredi am 20.7.2003.

Diagnose Krebs

Im März 2009 wurde Hans Orsolics wegen starken Hustens im AKH Wien untersucht. Die schreckliche Diagnose der Professoren des AKH lautete: Lungenkrebs.

Doch Hansi ist in besten Händen, die Ärzte des AKH Wien zählen zu den besten der Welt und Hansi wurde sofort operiert. In einer mehrstündigen Operation wurde ihm ein halber Lungenflügel entfernt, in einer folgenden Chemotherapie wurden mögliche verbleibende Krebszellen im Körper zerstört. Trotz der vorangegangenen schweren Operation überstand der Kämpfer Hans Orsolics die Chemotherapie bestens und der Verlust seiner Haare blieb ihm erspart, was seine größte Sorge war.

Ein Leben als Boxer

Ein Leben als Boxer, für manche ein Traum, für viele ein Albtraum. Die Realität im Boxsport besteht ebenfalls aus Traum und Albtraum. Der Traum jedes Boxers ist der Sieg im Kampf, der Albtraum ist k.o. zu gehen.

Im Ring wird der Boxer zu einem anderen Menschen, er verwandelt sich vom zivilisierten Menschen, der niemandem weh tut, zur Kampfmaschine, bereit, einen anderen Menschen mittels reiner Körperkraft zu besiegen. Es ist der Kampf Mann gegen Mann, der diesen Sport so faszinierend macht.

Im Ring ist erlaubt, was im normalen Leben verboten ist, nämlich einen anderen Menschen zu verletzen. Der Nasenbeinbruch des Gegners im Ring bringt den Jubel Tausender Menschen, der Nasenbeinbruch eines Stänkerers auf der Straße ein paar Monate Gefängnis. Was im Ring oberste Priorität hat, ist im normalen Leben verboten, mehr noch, es wird bestraft.

Wer im Ring gegen die Regeln verstößt, wird verwarnt, wer im Leben gegen Regeln verstößt, wird bestraft. Nur sind die Regeln im Leben weit härter und brutaler, manchmal etwas unmenschlich.

Der Boxer reagiert auf jede kleinste Bewegung seines Gegners und kontert blitzschnell. Das wird in Tausenden Trainingsstunden geübt und geübt, bis der Boxer, ohne zu denken, reagiert. Ein Boxer, der denkt, verliert Zeit. Zeit, die der Gegner nutzen kann. Manche Boxer verfügen über den sogenannten „Killerinstinkt", auf die hundertstel Sekunde genau einen entscheidenden Treffer zu platzieren, der den Gegner außer Gefecht setzt.

Das wohl allergrößte Problem der Boxer sind Angeber, Möchtegern-Schläger und Betrunkene. Viele berühmte amerikanische Boxlegenden hatten Probleme mit dem Gesetz, weil sie provoziert wurden und zuschlugen. Sich mit Boxern anzulegen, kann halt ins Auge gehen. Wer mit dem Feuer spielt, kann sich leicht verbrennen, sagt ein Sprichwort.

Als berühmter Boxer in Wien zu leben - in Hollywood könnte es nicht schöner sein. In allen Diskotheken Jubel, Trubel, der Europameister ist da, freie Getränke und die Party geht los. Der Wiener Schmäh ist weltberühmt und das Leben in Wien anders als sonst. Obwohl Wien eine Millionenstadt ist, ist es sprichwörtlich auch ein Dorf. Wer soll es einem Boxer verbieten, sich auch zu vergnügen, nach einem Sieg ausgiebig zu feiern? Wien ist eine Stadt des Feierns. Geburtstage, Namenstage, Weihnachtsfeiern, Firmenfeier, bei jeder sich bietenden Gelegenheit wird gefeiert.

Profiboxer sind bei öffentlichen Anlässen und Veranstaltungen gern gesehene Leute und beliebte Fotoobjekte. Prominente und Politiker lassen sich gerne mit berühmten Boxern fotografieren, der Boxer repräsentiert einen Status von Kraft, Stärke und Macht.

Genau diese Macht, Kraft und Stärke machen es aus, dass Boxer auf Frauen so anziehend wirken. Obwohl sich Frauen öffentlich über den brutalen Sport mokieren, kommen sie doch zu den ach so brutalen Kämpfen und sitzen mit glänzenden Augen am Ring.

So brutal Boxer im Ring sein müssen, um zu gewinnen, so feinfühlig und sensibel sind sie im normalen Leben. Der harte Kämpfer im Ring muss aber auch im Leben kämpfen, nach anderen Regeln und in einem sehr großen Ring mit Hunderten, vielleicht Tausenden Gegnern.

Hansi hat den größten Teil der Kämpfe im Ring gewonnen, aber so manchen Kampf im Leben verloren.

Die Tätigkeiten im Leben des Hans Orsolics

Rauchfangkehrer

Im Jahr 1961 begann Hansi im Alter von 14 Jahren die Lehre als Rauchfangkehrer bei der Fa. Friedrich Ainedter im 2. Bezirk, Karmelitergasse, die er sehr erfolgreich mit der Gesellenprüfung abschloss. Als Rauchfangkehrergeselle arbeitete Hansi bis zum Sommer 1965, kurz nach Unterzeichnung des Profiboxvertrages mit Karl Marchart beendete er seine Tätigkeit als Rauchfangkehrer.

Profiboxer

Die Karriere als Profiboxer begann mit dem ersten Profiboxkampf am 30.7.1965 in Wien und endete mit dem letzten am 5.11.1974 in Berlin.

Gasthaus „Zum Rauchfangkehrer"

Das Gasthaus „Zum Rauchfangkehrer" war über 20 Jahre lang im Besitz der Familie Orsolics. Als Hansi Roswitha heiratete, wurde das Gasthaus vorerst verpachtet und später verkauft, um damit Schulden zu tilgen.

Diskothek in Kaisermühlen

Anfang der 80-er Jahre betrieb Hansi im 22. Wiener Gemeindebezirk eine Diskothek namens „Kaisermühlen", die zwar anfänglich gut lief, als aber in der Wiener Innenstadt die damaligen Großdiskotheken eröffneten, lohnte sich der Betrieb nicht mehr. Hansi hatte auch Probleme mit dem Personal, das mit den Abrechnungen nicht sehr genau war, und erlitt so Verluste.

Arbeit beim ORF

Mit der Beschäftigung in der Druckerei des ORF ab 1989 bot sich für Hansi die Chance für ein geregeltes Leben, die er gerne ergriff, mit seiner geliebten Roswitha an der Seite. Bis zu seiner Krebserkrankung 2009 arbeitete er als zufriedener und glücklicher Mensch und wird als sehr netter, ruhiger und vor allem sehr hilfsbereiter Arbeitskollege beschrieben.

Boxsport und Journalismus

Journalismus und Profiboxsport sind eng miteinander verbunden. Wer kann sich nicht an die großen Kämpfe der amerikanischen Boxlegenden erinnern, die um 4 Uhr früh im ORF übertragen wurden? Millionen Zuschauer saßen weltweit vor den Fernsehgeräten, die damals noch schwarz-weiß waren.

Öffentliche Lokale mit Fernsehgeräten waren bei Sportübertragungen voll bis zum letzten Platz. Boxte Hans Orsolics, war Wien wie ausgestorben, alle wollten ihren Hansi sehen und folgten gespannt seinen Auftritten im Ring.

Der Sportkommentator einer Veranstaltung hat wesentlichen Einfluss auf die Zuschauer, zumindest auf einen beachtlichen Teil der Zuschauer an den TV-Geräten. Er kann einen Sportler in den Himmel heben oder auch sprichwörtlich „zur Sau" machen. Der Meinung des Kommentators schließen sich viele Zuschauer an, entweder zum Wohle des Sportlers oder zu dessen Nachteil.

Besonders verwerflich sind negative Berichterstattungen über Sportler, noch dazu mit der Begründung, damit dem Sportler ein besseres Leben zu bescheren oder ihn dadurch zu verbessern. Ein Sportler bereitet sich unter vielen Mühen und Strapazen auf einen Wettkampf vor und verdient es nicht, herabwürdigend behandelt zu werden, auch wenn die sportlichen Leistungen einmal nicht entsprechen.

Der Journalismus in den Tageszeitungen ist wichtig für einen Boxer, der Erfolg wird dokumentiert und der Allgemeinheit zugänglich gemacht. Fotos und Bilder des neuen Europameisters Hans Orsolics in allen Zeitungen machten diesen Menschen über Nacht zum Star, aber auch über Nacht zum Buhmann der Nation.

Um die Sensationslust der Leser zu befriedigen, werden zwar auch Erfolge, besonders gerne aber Misserfolge publiziert. Der Erfolg ist da, warum und weshalb, ist weniger interessant, der Misserfolg aber erfordert Analysen, Meinungen, Diskussionen und jede Menge Ratschläge, wie es besser zu machen wäre.

Der Journalismus trägt mit Verantwortung für die Karriere oder den Misserfolg eines Sportlers und er sollte sich dieser Verantwortung immer bewusst sein. Manch unbedachte Zeile hat die Karriere eines Sportlers beendet oder ihr Schaden zugefügt.

Profiboxsport in Europa

Professioneller Boxsport bedeutet, dass Boxer und Boxerinnen mit der Ausübung ihres Sportes als Beruf Geld verdienen. Das gelingt in Europa nur den wenigsten Boxern. Nur etwa 1 Prozent der europäischen Boxer verdient ausreichend, um damit den Lebensunterhalt zu finanzieren, der Rest ist bestenfalls als Halbprofis anzusehen.

Der Profiboxsport hat europaweit seit 1990 mit dem Fall des Eisernen Vorhangs und der Öffnung der Ostgrenzen großen Andrang an ehemals osteuropäischen Boxern und

Boxerinnen zu verzeichnen. Dabei handelt es sich hauptsächlich um ehemalige Amateurboxer, vielfach aus dem Militärbereich stammend. Nicht selten, dass manche Boxer zwischen 200 und 400 Amateurkämpfe absolviert haben und ausreichend Erfahrung im Boxen besitzen.

Die Börsen, sprich der Verdienst im europäischen Profiboxgeschehen, sind sehr unterschiedlich und es ist ein deutliches Gefälle von West nach Ost zu verzeichnen.

Allgemein kann gesagt werden, dass sich der Profiboxsport in Europa in den letzten 20 Jahren hervorragend entwickelt und etabliert hat. Dazu haben auch wesentlich die Erfolge von Boxern aus Russland und der Ukraine beigetragen, welche mit westeuropäischen Lizenzen Welterfolge errangen.

Sehr zum Leidweisen der USA errangen in den letzten 10 Jahren immer mehr Boxer aus Europa Weltmeistertitel und damit verlagerte sich das Interesse und der Schwerpunkt des internationalen Profiboxsports nach Europa. Die überwiegende Zahl an Schwergewichtstitelkämpfen findet in Deutschland statt und damit verbunden sind Millionenumsätze und Einnahmen, welche in Europa verbleiben. Bis zu 50 amerikanische TV-Sender sind an den Boxkämpfen interessiert und zahlen Millionenbeträge für Senderechte. Je nach Veranstaltung übertragen bis zu 100 TV-Sender weltweit die Kämpfe live. Die beiden öffentlichen TV-Sender Deutschlands, ARD und ZDF, haben wesentlich zum Erfolg deutscher Veranstalter beigetragen.

Europa- und Weltmeisterschaften für Profiboxer - Ranglisten

Europa- und Weltverbände im Profiboxen führen jeweils eigene Ranglisten, welche die Reihenfolge der Boxer und Boxerinnen nach Erfolgen und Gewichtsklassen festlegen. Die Reihung erfolgt je nach Verband nach verschiedenen Maßstäben. Während einige Verbände eine Punktewertung für die Reihung heranziehen, gibt es auch Verbände mit Ranglistenkommissionen, welche die Reihung vornehmen. Dabei werden auch wirtschaftliche und finanzielle Aspekte berücksichtigt. Vor allem Boxer und Boxerinnen von finanziell gutsituierten Managern werden bevorzugt gereiht und auch Veranstalterinteressen berücksichtigt.

Für Profiboxer/Profiboxerinnen ist es wichtig, in nationalen und internationalen Ranglisten gereiht zu werden, da sich die Börsen entsprechend der Reihung richten.

Einen genauen Überblick über die weltweite Profiboxszene bietet das Internetportal www.boxrec.com, wo alle Profiboxer/Profiboxerinnen, Manager, Veranstalter und Veranstaltungen aufgelistet sind.

Vor allem bietet boxrec.com einen zuverlässigen Überblick über alle relevanten Daten wie Alter, Kämpfe, Gewicht und Kampfrekorde der Boxer und Boxerinnen.

Es gibt noch weitere internationale Datenbanken für Profiboxer/Profiboxerinnen, wobei das amerikanische FightFax genannt werden kann, in welchem auch europäische Boxer und Boxerinnen gelistet werden.

Boxsportintern werden Profiboxer/Profiboxerinnen in 3 Leistungsklassen aufgeteilt:

III. Serie: Neoprofi (bis 4 Kämpfe) sowie Boxer mit schlechten Leistungen (negativem Kampfrekord)

II. Serie: Gute Durchschnittsboxer mit positivem Kampfrekord

I. Serie: Nationale und Internationale Titelträger

Ein positiver Kampfrekord liegt vor, wenn der Boxer/die Boxerin mehr Profikämpfe gewonnen als verloren hat, ein negativer Kampfrekord, wenn der Boxer/die Boxerin mehr Kämpfe verloren als gewonnen hat.

Die begehrten Titel im Profiboxen werden von den jeweiligen Profiverbänden vergeben. Nationale Verbände vergeben die Titel „Nationaler Meister" mit Bezeichnung des Verbandes und der Gewichtsklasse oder „Internationaler Meister" mit Bezeichnung des Verbandes und der Gewichtsklasse für Männer, Frauen und Junioren.

Europaverbände vergeben den Titel „Europameister" mit Bezeichnung des Verbandes und der Gewichtsklasse für Männer, Frauen und Junioren.

Weltverbände vergeben den Titel „Weltmeister" mit Bezeichnung des Verbandes und der Gewichtsklasse für Männer, Frauen und Junioren.

Bedenkt man, dass es bis zu 19 Gewichtsklassen bei Männern und Junioren und bis zu 18 Gewichtsklassen bei Frauen und Juniorinnen gibt, so hat beispielsweise ein Weltboxverband bis zu 74 Weltmeistertitel zu vergeben. Bei derzeit über 30 bestehenden und registrierten Weltverbänden ergibt dies eine unüberschaubare Anzahl an verschiedenen Titelträgern und -trägerinnen. Man darf den sportlichen Wert der Titel von kleinen Verbänden nicht unterschätzen, doch finanziell bringen nur Titel weniger Verbände ein entsprechendes Einkommen und Umsätze im Profiboxsport.

Titel kleinerer Verbände bringen pro Titelkampf ein Einkommen in Höhe von einigen zehntausend Euro, während ein Titel eines der großen Weltverbände, je nach Gewichtsklasse, ein Einkommen von einigen Millionen Euro bringt. Führend bei Einkommen sind die Schwergewichtsklassen, gefolgt von Mittel- und Supermittelgewicht und dann abwärts zu den Leichtgewichtsklassen.

Der harte Weg zum erfolgreichen Profiboxen

Der Weg zum Profiboxer/Profiboxerin ist national verschieden. In den traditionellen Boxsportländern Europas, wie beispielsweise Großbritannien, Deutschland, Frankreich und Italien, führt der Weg zum Profiboxer überwiegend über den Amateurboxsport. Nur Amateurboxern/Amateurboxerinnen wird, mit wenigen Ausnahmen, eine Profiboxlizenz erteilt.

In Ländern mit modernem Boxsport wie beispielsweise Holland und Dänemark ist Amateurboxen nicht mehr Voraussetzung für eine Profiboxlizenz. Die Kämpfer der einzelnen Boxstile erhalten vielmehr die Möglichkeit, sich in sogenannten „Elimination-Fights" für eine Profikarriere zu qualifizieren.

In einigen Ländern Europas erfolgt die Ausstellung/Lösung einer Profiboxlizenz auch ohne sportlichen Nachweis, lediglich gesundheitliche Voraussetzungen sind maßgebend.

Doch allein die Lösung einer Profilizenz macht einen Boxer oder Boxerin noch lange nicht zum Profi. Dazu gehören ein Manager und ein Trainer als weitere Faktoren zum Erfolg, sowie letztendlich ein potenter Veranstalter, der die Börsen bezahlt.

Der Entschluss zum Boxsporttraining kann der erste Schritt für eine Profikarriere sein. Bei besten körperlichen Voraussetzungen bedarf es eines Trainings von mindestens 3-mal wöchentlich, um den Boxsport in seinen Grundzügen zu erlernen. Profiboxer/Profiboxerinnen trainieren täglich mindestens 3 Stunden, vor wichtigen Kämpfen oder Titelkämpfen werden vom Trainer eigene Trainingsprogramme erstellt.

Voraussetzungen für Profiboxer und Profiboxerinnen

Körperliche Eignung, Gesundheit, Ärztliches Gutachten (Blutattest), Mindestalter 16 Jahre, Höchstalter 35 Jahre

Theoretische Ausbildung

Beruf Profiboxer (Chancen und Risiken), Boxtechniken, Bewegung im Ring, Training und Trainingsplan, Vertragswesen (Managervertrag, Kampfvertrag), Rechte und Pflichten, Lizenzen, Verbandswesen und Titel, Ernährung, Kampfvorbereitung, mentale Trainingsmöglichkeiten, Amateur- und Profiboxsport, Doping und Kontrollen, Verhalten im Ring und bei Veranstaltungen, Boxverbände und Sportliche Regeln im Amateur- und Profiboxen, Kampfbekleidung und Bandagen, Medien und Medienkontakte, Gewichtsklassen, Werbung und Sponsoring, Nebentätigkeiten (z. B. Nebentätigkeit als Security), Berufsmöglichkeiten nach Ende der Profilaufbahn

Praktische Ausbildung

Schlagschule, Boxtechniken, Bewegung im Ring, Sportgymnastik, Konditionstraining, Sparring, Allgemeines Boxtraining, Schattenboxen, Schlagtraining am Sandsack und Plateaubirne

Berufsaussichten

Die Chancen, als Berufsboxer/Berufsboxerin ein ausreichendes Einkommen zu erzielen, hängen von vielen Faktoren ab, welche im theoretischen Ausbildungsseminar ausführlich erörtert werden.

Der Boxsport erlebt zurzeit weltweit einen Aufwärtstrend, zahlreiche TV-Übertragungen und eine Vielzahl an Veranstaltungen europaweit bieten jungen Profiboxern/Profiboxerinnen ausreichende Möglichkeiten für Betätigung. Der Berufsboxsport kann bis zu einem Alter von 35 bis 40 Jahren ausgeübt werden.

Der Manager vertritt vertraglich den Boxer in allen Angelegenheiten, sportlich und auch wirtschaftlich. Für seine Tätigkeit erhält der Manager bis zu einem Drittel der Börse und der Nebeneinkommen (Werbung) des Boxers/der Boxerin.

Der Trainer trainiert den Boxer/die Boxerin in sportlicher Hinsicht und erhält monatlich ein Fixgehalt oder einen Teil der jeweiligen Börse, etwa 5 Prozent, ausbezahlt.

Der Veranstalter schließt Kampfverträge mit den Managern ab und organisiert die Veranstaltung. Er ist der eigentliche Arbeitgeber des Profiboxers/der Profiboxerin.

Profiboxer sind in der Werbebranche sehr gefragt, es liegt am Management, Boxer und Boxerinnen dementsprechend zu vermarkten und zu vermitteln.

Profiboxsport und Verbandswesen in Europa

Der Profiboxsport in Europa gliedert sich in den traditionellen Boxsport sowie in eine Reihe anderer Boxkampfarten und -stile, wie beispielsweise Kick-Boxen und Thai-Boxen.

Während der Profiboxsport in Europa in fixe Strukturen und ein gut funktionierendes Verbandswesen gegliedert ist, bestehen in allen anderen Boxsportarten keine oder nur unbedeutende Vereins- oder Verbandsstrukturen. Die auf Eurosport und anderen Sportsendern gesendeten Profikampfsportveranstaltungen wie K-1, K-1 Max, Mixed Martial Art und Free Fight Kämpfe werden von modernen Managements und Firmen organisiert, welche auch die sportlichen Regeln für ihre Veranstaltungen bestimmen.

Es gibt zurzeit über 100 Profiboxverbände in Europa, jedoch nur 2 Dachverbände im europäischen Profiboxsport. Die EBU Ltd. (European Boxing Union Ltd.) ist eine in London eingetragene „Non profit Limited"-Firma mit Sitz in Rom und vergibt den Titel „Europameister EBU" mit dem Zusatz der Gewichtsklasse. Profiboxverbände, welche in die EBU aufgenommen werden wollen, müssen eine Reihe von Kriterien erfüllen, wobei vor allem finanzielle Interessen im Vordergrund stehen. Finanziell nicht gut gestellte Verbände besitzen kaum eine Chance auf Mitgliedschaft.

Im Jahr 2005 wurde die EBF (European Boxing Federation) als neuer Dachverband für den Profiboxsport, mit einem den EU-Richtlinien „Das Europäische Sportmodell" angepassten und weltweit völlig neuen Regelwerk, mit Sitz in Wien gegründet. Die EBF vergibt den Titel „Europameister der EBF" mit dem Zusatz der jeweiligen Gewichtsklasse.

Die EBF sichert allen Profiverbänden und Profiboxern/Profiboxerinnen aus allen Staaten Europas uneingeschränkte Mitgliedschaft und Freiheit in ihrer Lizenzwahl im Profiboxsport zu. Verbände und Profiboxer/Profiboxerinnen aus den europäischen und asiatischen Teilen Russlands und der Türkei werden in ihren Rechten EU-Bürgern gleichgesetzt.

Das gesamte Regelwerk der EBF, bestehend aus Statuten, Sportlichen Regeln, Dopingverordnung und Geschäftsordnung, wurde der EU-Kommission zur Prüfung übersandt und die EBF in Brüssel registriert. Das Regelwerk der EBF wurde in 10 Sprachen übersetzt.

Erstmals in der Geschichte des Profiboxsports ermöglichte das Regelwerk der EBF Jugendlichen, unter Einhaltung strenger Schutzbestimmungen im Hinblick auf die Gesundheit, ab dem 16. Lebensjahr als Profiboxer/Profiboxerin tätig zu werden, um damit Einkünfte zu erzielen und den Titel „Junior-Europameister der EBF" mit dem Zusatz der Gewichtsklasse zu erringen.

Zwischenzeitlich haben alle renommierten Weltverbände im Profiboxsport ebenfalls Junior-Kampfklassen eingeführt.

Die EBF ermöglicht es vor allem finanziell schlechter gestellten Verbänden, Managern und Profiboxern/Profiboxerinnen international tätig zu sein und widmet sich vor allem der Jugend in Europa.

Von den über 100 in Europa tätigen nationalen Profiboxverbänden haben nur einige wenige international eine bedeutende Rolle, wobei Verbände aus England, Deutschland, Frankreich und Italien als erfolgreichste Nationen zu nennen wären. Verbände aus den genannten Ländern existieren meist schon über 50 Jahre erfolgreich, mit fixen Strukturen und fundierten Regelwerken.

Mit Gründung der Europäischen Union hat sich auch der Profiboxsport in Europa in eine neue Richtung entwickelt und den Profisportlern mehr Freiheiten und bessere Einkunftsmöglichkeiten beschert. Sehr zum Leidwesen der alteingesessenen Profiverbände, deren Monopolstellung mit einem Mal fiel.

Bis zur Gründung der EU gab es in den meisten westeuropäischen Staaten nur einen Profiboxverband, der alle Profiboxer seines Landes vertrat und Lizenzen vergab. Der Wechsel zu einem anderen Verband war nur mit Freigabe möglich.

Bis Mitte der 90-er Jahre gab es in den Oststaaten wie Ungarn, Slowakei, Rumänien, Bulgarien, Kroatien, Bosnien, Serbien, Montenegro und Slowenien keine Profiboxverbände und die Veranstalter, Manager, Trainer und Profiboxer/Profiboxerinnen waren international mit westlichen Lizenzen tätig. Eine wesentliche Einnahmequelle für einige westliche Verbände.

Ab Mitte der 90-er Jahre wurden in den Oststaaten eigene Profiboxverbände gegründet und auch in den westeuropäischen Staaten wurden neue Verbände gegründet.

In Deutschland beispielsweise besteht der alteingesessene BDB - Bund Deutscher Berufsboxer seit über 50 Jahren und verlor seine Monopolstellung mit Gründung der GBA - German Boxing Association in Berlin und GBO - German Boxing Organisation mit Sitz in München. Erwähnenswert ist, dass die GBO die Rahmenkämpfe der großen Veranstaltungen der Brüder Klitschko organisiert und beaufsichtigt. Ein relativ junger Verband, der sich innerhalb kürzester Zeit bestens etabliert hat.

Die EU brachte auch mit sich, dass die Monopolstellung der traditionellen Verbände in allen Belangen fiel, sowohl die Vergabe von Lizenzen, als auch die Beaufsichtigung der Kämpfe (Kampfgericht). Damit verbunden waren große finanzielle Ausfälle und ein nur scheinbarer Imageverlust. Vor allem in Deutschland gab und gibt es unter den 3 bestehenden Profiboxverbänden laufend Kontroversen, Streitigkeiten, Anzeigen und Klagen.

Da sich deutsche Veranstalter, Manager und Boxer/Boxerinnen teils Lizenzen aus anderen EU-Ländern lösten und ausländischen Verbänden beitraten, sind im Jahr 2009 bereits 7 internationale Profiboxverbände in Deutschland tätig mit dementsprechenden Streitigkeiten, welche sehr zum Schaden des Boxsports über die Medien ausgetragen werden.

Die Wertigkeit eines Profiboxverbandes besteht in der Anzahl an Lizenznehmern, Veranstaltungen und vor allem darin, wie viele internationale Titelträger (Welt- und Europameister) der Verband vorzuweisen hat.

Profiboxverbände finanzieren sich ausschließlich selbst, das heißt, sie erhalten keinerlei öffentliche Förderungen oder Unterstützungen. Während sich die traditionellen Profiboxverbände in Europa ausschließlich aus Mitglieds-, Lizenz- und Veranstaltungsabgaben finanzieren, gehen die „neuen" Verbände neue Wege und finanzieren sich größtenteils über eigene Aktivitäten in Form von Veranstaltungen sowie Sponsoring- und Werbeeinnahmen. Dies bringt den Vorteil, dass Lizenzen und Veranstaltungsgebühren weitaus geringer als bei den traditionellen Verbänden sind und daher wechseln viele Manager und Veranstalter zu den neuen, modernen Verbänden.

Unter den zahlreich bestehenden Profiboxverbänden in EU-Staaten und anderen Staaten Europas gibt es auch „schwarze Schafe", Verbände, die ausschließlich finanzielle Interessen verfolgen und wahllos Lizenzen vergeben, nur um Einnahmen zu erzielen.

Insidern im Profiboxsport ist bekannt, dass es Veranstaltungen gibt, welche von privaten Finanziers finanziert werden und ausschließlich der Annahme von illegalen Wetten dienen. Dabei werden Kämpfe und Kampfergebnisse manipuliert und jungen Profisportlern nachhaltig Schaden zugefügt. Es handelt sich aber um einzelne kleine Verbände und es gibt keinerlei Zusammenarbeit mit renommierten Verbänden. Die Lizenzen einiger europäischer Profiboxverbände werden von anderen Verbänden nicht anerkannt und Sportler mit solchen Lizenzen von der Teilnahme an Veranstaltungen ausgeschlossen.

Agenden eines Profiboxverbandes

Ein Profiboxverband entsteht durch Gründung zweier oder mehrerer Personen anhand Erstellung von Statuten, Sportlichen Regeln, Dopingverordnung und Einreichung der Unterlagen bei den zuständigen staatlichen Stellen und Institutionen. Der Verband wird somit registriert, alle eingereichten Unterlagen auf Gesetzlichkeit kontrolliert und der Verband kann seine Tätigkeit beginnen.

Die Aufgabe eines Verbandes besteht im Wesentlichen darin, alle sportlichen und wirtschaftlichen Interessen der Mitglieder und Lizenznehmer zu vertreten und zu fördern.

Eine Aufgabe eines Profiboxverbandes besteht in der Vergabe von Lizenzen an Veranstalter, Manager, Boxer/Boxerinnen, Trainer und Betreuer sowie Ring- und Punkterichter. Die Lizenzgebühren sind sehr unterschiedlich und betragen von 50 Euro bis hin zu einigen hundert Euro. Eine Lizenz berechtigt zur jeweiligen Ausübung einer Funktion im Profiboxsport und bestätigt, dass der Inhaber der Lizenz dazu befähigt ist.

Weitere Aufgaben eines Profiboxverbandes sind die Ausstellung von internationalen Startgenehmigungen, die Beaufsichtigung von Veranstaltungen und Kämpfen nach dem jeweiligen Regelwerk, medizinische Vorsorge und Gesundenuntersuchungen sowie die Verbandsgerichtsbarkeit.

Die Verbandsgerichtsbarkeit erfüllt eine sehr wichtige Aufgabe im Sportbereich. Fehlverhalten von Sportlern/Sportlerinnen werden vom Vorstand oder entsprechenden Strafausschüssen, bestehend aus Sportfunktionären und Sachverständigen, nach Überprüfung und Feststellung und Maßgabe der Schuld des Sportlers bestraft. Die Strafen reichen von der Verwarnung über Geldstrafen bis hin zu Sperren oder Ausschluss (Lizenzentzug). Strafen können auch bedingt zur Bewährung ausgesetzt werden, wenn zu erwarten ist, dass dies als Bestrafung des Sportlers ausreicht und ihn von weiterem Fehlverhalten oder Vergehen abhält.

Die Verbandsgerichtsbarkeit setzt sich aus einer I. Instanz (Vorstand, Sportausschuss) und einem sogenannten Berufungsausschuss oder Senat zusammen. Gegen die Entscheidung I. Instanz kann der Sportler/Sportlerin innerhalb einer Frist Einspruch oder Berufung erheben. Die Berufung wird sodann vom Berufungsausschuss/Senat behandelt und gemäß den Regelwerken entschieden. Gegen die Entscheidung des Berufungsausschusses/Senates ist kein weiteres Rechtsmittel möglich, die Entscheidung ist endgültig.

Unabhängig vom Vorstand kann auch ein sportlicher Delegierter (Supervisor) bei Veranstaltungen Strafen, Sperren und Disqualifikation eines Sportlers verfügen und der Manager/Trainer/Sportler gegen diese Entscheidung protestieren bzw. Widerspruch erheben. In diesem Fall entscheidet der Vorstand als I. Instanz weiter, mit der Möglichkeit der Berufung an den Berufungsausschuss/Senat.

Während eines Kampfes ist das Kampfgericht für die Bewertung und Beurteilung der sportlichen Leistungen zuständig. Gegen Entscheidungen des Kampfgerichtes kann Protest eingelegt werden und eine Entscheidung des Vorstandes/Berufungsausschusses gefordert werden.

Ein Kampfgericht, bestehend aus einem Supervisor, einem Ringrichter und drei Punkterichtern, ist für die Wertung und das Kampfergebnis maßgebend.

Bei einer Veranstaltung hat der Veranstalter Verbandsabgaben in Form von Veranstaltungsgebühren sowie alle anfallenden Reise- und Aufenthaltskosten für das Kampfgericht zu entrichten. Die Kosten dafür bewegen sich je nach Verband zwischen einigen hundert Euro bis hin zu einigen Tausend Euro bei Europa- und Weltmeisterschaftskämpfen.

Traditioneller Profiboxsport in Europa

Der traditionelle Boxsport besitzt in einigen Ländern Europas, wie Großbritannien, Deutschland, Italien und Frankreich nicht nur Tradition, sondern wurde zu einem Millionengeschäft mit weltweiten TV-Aussendungen.

War der deutsche Profiboxsport vor der deutschen Wiedervereinigung eher unbedeutend, änderte sich dies in den 90-er Jahren ziemlich rasch und Deutschland wurde zur Boxnation. Zum internationalen Aufstieg trugen eine Reihe deutscher Boxer wie Rene Weller, Ralf und Graciano Roccichiani, Henry Maske, Sven Ottke und Axel Schulz wesentlich bei. Die eigentlichen deutschen Stars des Profiboxsports, mit denen der große Geldregen kam, waren die weltbekannten boxenden Akademikerbrüder Dr. Vitali Klitschko und Dr. Wladimir Klitschko aus der Ukraine, aus Polen Dariusz Michalczewski, er war 10 Jahre lang Weltmeister, sowie die aus Russland stammenden Boxer Nikolai Waluev, Ruslan Chagaev u. a.

In jedem Fall nennenswert sind die außergewöhnlichen sportlichen Leistungen der Profiboxweltmeisterin und Trägerin zahlreicher Profititel Regina Halmich, welche dem Frauenboxsport neue Impulse und einen immensen Aufschwung gab.

Beachtliche Erfolge und zahlreiche Titel für Deutschland errangen zwei deutsche Boxsportveranstalter, Wilfried Sauerland mit seinem Sauerland Event Management und Klaus-Peter Kohl mit der Universum Boxpromotion.

Großbritannien verfügt über die größte Anzahl an registrierten Profiboxern und Vereinen und der britische Profiboxverband BBBC (British Boxing Board of Control) ist als der mächtigste Profiboxverband Europas anzusehen, gefolgt von Deutschland, Italien und Frankreich.

Die Gründung und Erweiterung der Europäischen Union brachte auch im Profiboxsport Änderungen mit sich, zahlreiche Profiboxer und Profiboxerinnen aus den Oststaaten versuchen, im westlichen Profiboxsport Fuß zu fassen. Dies führte dazu, dass die Börsen im Profiboxsport sanken und es für westliche Profiboxer immer schwieriger wird, gut bezahlte Kämpfe zu erhalten.

Teilweise zeigt sich auch, dass junge, unerfahrene Profiboxer/Profiboxerinnen aus den Oststaaten der EU für billige Gagen als Aufbaugegner für gut trainierte und ausgebildete Profis aus dem Westen engagiert werden. Damit erzielen westliche Manager und Veranstalter rasch und billig gute Kampfrekorde für ihre Boxer und Boxerinnen.

Während westeuropäische Profiboxer/Profiboxerinnen meist über ausreichende Unfall-, Kranken- und Freizeitversicherungen verfügen, gibt es bei osteuropäischen Boxern und Boxerinnen meist gar keinen Versicherungsschutz und nur unzureichende medizinische Untersuchungen und Vorsorgen.

Kapitel 8

Der Kampf gegen den Krebs

Diagnose Lungenkrebs

Wegen starken Hustens wurde Hans Orsolics im März 2009 im Wiener AKH untersucht und die schreckliche Krankheit Lungenkrebs wurde diagnostiziert.

Um das Leben Hansis zu retten, beschlossen die Professoren des AKH eine Operation mit anschließender Chemotherapie. Die Operation erfolgte am 13.3.2009, ausgerechnet am 22. Hochzeitstag von Roswitha und Hansi.

Nach nur wenigen Wochen hatte sich Hansi von der lebensrettenden Operation erholt und war auf dem Weg der Besserung.

Das Wiener AKH ist seit einiger Zeit die Lebensader von Hans Orsolics. Seit seiner Operation und Chemotherapie wird Hansi dreimal wöchentlich medizinisch versorgt und behandelt. Seine besten Freunde hat Hansi in Boxkollege Mohamed Buckla und Univ. Prof. Dr. Peter Nicolakis, der sich fürsorglich um Hansi bemüht, gefunden. Mit modernsten Methoden, von physiotherapeutischen Behandlungen bis hin zur Akupunktur, gelang es den Spezialisten des AKH, Hansi innerhalb kürzester Zeit vom todkranken Menschen wieder zum zuversichtlichen, in die Zukunft blickenden Hans Orsolics zu machen. Hansi hat endlich die Freundschaft gefunden, die er ein Leben lang vermisste, die Freundschaft von aufrichtigen und ehrlichen Menschen, die es nur gut mit ihm meinen, die ihm helfen und die nicht an ihm verdienen wollen.

Der Besuch von Bundespräsident Dr. Heinz Fischer im AKH,
der ihm baldige Genesung wünschte, freute Hansi besonders.
Hoher Besuch auch aus dem Wiener Rathaus, Gesundheitsstadträtin Sonja Wehsely
besuchte das Wiener Idol Hans Orsolics. Mit auf dem Foto ist der persönliche
Betreuer und beste Freund von Hans Orsolics, Mohamed Buckla, selbst 2-facher
Boxweltmeister, Intercontinental Champion und Africa Champion.

AKH Wien
(Allgemeines Krankenhaus der Stadt Wien)

Das Allgemeine Krankenhaus der Stadt Wien
ist eines der größten Spitäler der Welt. Die ersten Erwähnungen eines Spitals im Bereich des
Alsergrundes gab es bereits 1683 während der
2. Türkenbelagerung, allerdings handelte es
sich um ein Seuchenspital, welches 1686 in ein Spital für Kriegsveteranen umgewandelt wurde.

Im Jahr 1693 begann der eigentliche Bau eines Armen- und Invalidenhauses über Anordnung von Kaiser Leopold I. Das Bauwerk sollte in erster Linie für Wohnzwecke von Invaliden, Armen und Witwen dienen und bot 1724 bereits über 1.700 Personen Unterkunft. In der Folge wurden weitere Bauten errichtet und auch ein eigener Krankentrakt entstand.

Erst 1783 wurde der zwischenzeitlich entstandene Großbau am Alsergrund von Kaiser Joseph II. zu einem allgemeinen Krankenhaus umgeplant und 1784 feierlich eröffnet. Der am Eingang angebrachte Spruch „Saluti et solatio aegrorum" heißt übersetzt „Zum Heil und zum Trost der Kranken" und ist auch auf dem neuen, heutigen AKH zu lesen.

Durch kontinuierliche Erweiterung und Zubauten wuchs das Allgemeine Krankenhaus bis 1834 zu einem riesigen Komplex mit verschiedenen Bereichen, vor allem auf Erforschung von Ursachen und Entstehung von Krankheiten wurde großer Wert gelegt.

Im 19. Jahrhundert wurde das Wiener Allgemeine Krankenhaus mit der berühmten Wiener Medizinischen Schule mit aufsehenerregenden Forschungsergebnissen weltbekannt. Unter anderem erfolgte die Entdeckung der Blutgruppen durch Karl Landsteiner in Forschungslaboren des AKH und spätere Nobelpreisträger arbeiteten Seite an Seite zum Wohle der Menschheit.

Von 1904 bis 1911 wurde der zweite, neuere Teil des AKH gegenüber dem alten Teil gebaut. Es entstanden die sogenannten „Neuen Kliniken".

Von 1964 bis 1994 wurde das „Neue AKH" errichtet, mit 2 großen Bettentürmen und Platz für bis zu 2.500 Patienten. In den 397 Ambulanzen des AKH werden jährlich rund 150.000 Personen stationär und rund 700.000 Menschen ambulant behandelt.

Von den etwa 9.000 Beschäftigten des AKH sind rund 1.400 Ärzte, etwa 4.500 Personen als Pflege-, Verwaltungs- und medizinisches Personal tätig, der Rest ist Reinigungs-, Küchen- und Hilfspersonal.

Das AKH besteht aus 2 Bettentürmen mit je 21 Etagen und jeweils 3 Unteretagen für Strahlen- und Chemotherapien.

Allgemeines Krankenhaus der Stadt Wien, bestehend aus:

27	Kliniken
10	Universitätsinstituten
62	Ambulanzen
330	Spezialambulanzen
82	Pflegestationen
21	Intensivstationen
51	Operationssälen
1.906	Normalbetten

165	Intensivbetten
176	Sonstige Betten
2.206	Betten insgesamt (maximal 30 Betten pro Station, max. 3 Betten pro Zimmer)

Für ausreichend Nachwuchs an Ärzten in Österreich ist gesorgt, an der Medizinischen Universität Wien haben über 11.000 Studenten immatrikuliert. Kindern mit einem längeren Krankenhausaufenthalt steht ein Schulunterricht im AKH zur Verfügung.

Das AKH Wien ist nicht nur eines der größten Krankenhäuser der Welt, sondern auch eines der modernsten und besten. Der Ruf der Professoren und Ärzte des AKH Wien ist weltweit bekannt und geschätzt, die Ärzte zählen zu den besten der Welt. Der Grundsatz der Universitätskliniken und universitären Einrichtungen am AKH ist die Verbindung von Krankenbetreuung, Lehre und Forschung zum Wohle der Menschen.

Das AKH Wien ist in vielen Bereichen der Krebsforschung, Alzheimerforschung und weiteren Krankheitsbereichen sowie in deren erfolgreicher Behandlung weltweit führend. Besonders sei erwähnt, dass alle Forschungs- und Behandlungsergebnisse veröffentlicht werden und für alle Ärzte weltweit zugänglich sind. Alle Spitäler der Welt schätzen die hochwertigen Forschungsarbeiten des AKH und viele übernehmen Forschungsergebnisse und Behandlungsvorschläge. Die enge Zusammenarbeit der Forschungsabteilungen des AKH mit der Pharmaindustrie bringt immer wieder sensationelle neue Medikamente im Kampf gegen Krankheit und Leid der Patienten.

Das AKH setzt die jahrhundertealte Tradition der Wiener Medizinischen Schule erfolgreich fort, sehr zum Wohle der Wiener Bevölkerung, die sich glücklich schätzen kann, eine derart gute Krankenversorgung in ihrer Stadt zu haben.

Einige Zeilen über Hans Orsolics:

Als Jugendlicher habe ich begeistert die Wettkämpfe von Hans Orsolics verfolgt.

Er hat genauso wie vor ihm Laszlo Papp mit seinen Kämpfen in Wien alle Sportinteressierten begeistert.

Ich durfte ihn dann später als Freund unseres Boxweltmeisters Mohamed Buckla, der nun nach seiner Boxkarriere großartige, einem Weltmeister würdige Arbeit im AKH leistet, kennenlernen.

Wir im AKH freuen uns, dass uns Hans Orsolics seine Behandlung und

Betreuung anvertraut.
Wir wünschen unserem Freund Hans Orsolics das Allerbeste.

Mit freundlichen Grüßen

Der Direktor der Teilunternehmung AKH
und Ärztliche Direktor
Univ. Prof. Dr. Reinhard Krepler

Leben nach dem Krebs

Hans Orsolics hat den Lungenkrebs nach einer schweren Operation und Chemotherapie überstanden. Großen Dank und Anerkennung sollte man an dieser Stelle den Ärzten und Professoren des AKH Wien aussprechen, die mit großartigen ärztlichen Leistungen unseren Hansi wieder so auf Vordermann gebracht haben.

Hansi geht es wieder gut, er geht regelmäßig zu den Behandlungen im AKH und freut sich jedes Mal, wenn ihn jemand erkennt und anspricht. Er fährt oft mit der U-Bahn bei der Stadthalle vorbei, dort, wo er einst unzählige Siege feierte und der Held Wiens war.

Wenn man mit ihm spricht, erinnert er sich gerne an die Zeit, in der er noch Ministrant war, an die glorreichen Zeiten seiner Siege, aber mit einem Augenzwinkern auch an das flotte Leben in Saus und Braus.

Das Foto zeigt Hansi mit dem Leiter des AKH, Univ. Prof. Dr. Reinhard Krepler, einem begeisterten Fan des Boxsports.

Mit zunehmendem Alter vergisst man die schlechten Zeiten im Leben, die Erinnerungen an gute Zeiten bleiben.

Hansi ist heute ein zufriedener Mensch, der gerne mit seinem 4-jährigen Hund Ares spielt, spazieren geht und das Leben mit seiner geliebten Frau Roswitha genießt.

Besondere Freude hat Hansi, wenn er für Autogrammstunden gebucht wird. Es ist erstaunlich, dass ein Profisportler 40 Jahre nach seiner Karriere noch immer den Status eines Idols innehat.

Autogrammstunde Hans Orsolics im Schabernak

Hans Orsolics mit Autorin Anna Pfabl, Austrian-Boxing-Association-Generalsekretär Wolfgang Schambeck mit Irene Zimmel und Alex und Martina Hackspiel vom „Cafe Schabernak" bei der Buchpräsentation im Schabernak. Foto(s): T. Wolff

Hans Orsolics mit Sabine, Oxana und Bettina vom Friseursalon Lilli.

Thomas und Anna Schenk.

Ganz oben oder ganz unten ...

(wolff). Das Zitat des Meidlingers Hans „Hansee" Orsolics „Ich war immer entweder ganz oben oder ganz unten. Die Mitte hat mich nie interessiert", beschreibt punktgenau sein Leben als immer noch berühmtester und viel geliebter Profiboxer Österreichs.

Bis zu seiner schweren Krebserkrankung 2009 arbeitete er in der ORF-Druckerei, heute hat der „Profiboxer" – so der Titel seiner Biografie – seinen letzten Kampf gegen die Krankheit gewonnen.

Zusammen mit der Autorin und Präsidentin der Austrian Boxing Association Anna Pfabl und vielen Freunden aus der Boxszene präsentierte Hans Orsolics das Buch im Rahmen einer Autogrammstunde am 24. April im Maurer „Café Schabernak" seinen Fans. Es wird ab Juni in jedem gut sortierten Buchgeschäft erhältlich sein.

Werner Schabl, Gatte der Buchautorin

mein bezirk.at

Mehr Fotos unter
www.meinBezirk.at

Hans Orsolics, als er noch „Mein potschertes Leben" lebte ...

Hans Orsolics mit dem österreichischen Boxmeister Biko Botuwamungu und Austrian-Boxing-Association-Generalsekretär Wolfgang Schambeck.

139

Joschi Weidingergasse

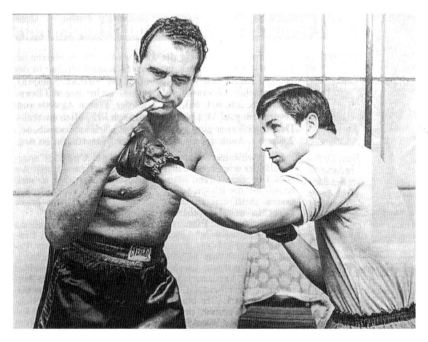

Training 1967 mit dem unvergesslichen Europameister Joschi Weidinger, der Hans Orsolics auf das harte Profiboxgeschäft vorbereitete und ihm wichtige Informationen für das Profiboxen vermittelte. Zu Ehren von Joschi Weidinger wurde im 22. Wiener Gemeindebezirk eine Gasse nach ihm benannt.

Das Foto links zeigt Hans Orsolics, Baumeister Ing. Richard Lugner und Weltmeister Mohamed Buckla bei der Einweihung der „Weidingergasse" in Gedenken an den österreichischen Europameister Joschi Weidinger. Baumeister Lugner ist ein großer Fan und aktiver Förderer des Boxsports in Wien. Wien verdankt Baumeister Lugner ein Stück Boxsportgeschichte, die in der Lugner City geschrieben wurde.

  Immer wieder ist Hansi bei öffentlichen Anlässen und Veranstaltungen zu sehen. Auf dem Foto rechts mit seinem

Freund, Welt- und Europameister Edip Sekowitsch, der im August 2008 vor seinem Lokal „Champ's Pub" ermordet wurde. Hans Orsolics stand am Vormittag nach dem Mord am Gehsteig vor dem Lokal und weinte gemeinsam mit Weltmeister Mohamed Buckla um den verlorenen Freund. Hansi und Edip Sekowitsch verband eine innige Freundschaft und ein ähnliches boxerisches Schicksal.

Profiboxgala in der Lugner City

Bei einer Profiboxgala am 28.2.2010 in der Lugner City stieg Hans Orsolics wieder in den Ring, allerdings nicht als Boxer, sondern als Sänger. Bei der Veranstaltung zugunsten der Krebsforschung des AKH Wien besang Hansi noch einmal „sein potschertes Leben" vor zahlreich eingeladenen Professoren des AKH und Prominenten aus Sport, Politik und Wirtschaft.

Stolz präsentiert Hans Orsolics noch heute seinen Europameisterschaftsgürtel, den er gegen Josselin gewonnen hat und der einen Ehrenplatz unter den vielen Trophäen hat.

Hans Orsolics und die Kirche

Kirche und Gott hatten immer einen hohen Stellenwert im Leben des Hans Orsolics. Bereits im Kindesalter war er Ministrant, betete zu den Heiligen in der Kirche, dass sie ihm seinen Wunsch, Boxer zu werden, erfüllten, und dankte Gott am Höhepunkt seiner Karriere als frischgebackener Europameister in der Wallfahrtskirche in Mariazell für seine Erfolge.

Als Überraschung zum 63. Geburtstag feierte Dompfarrer Mag. Anton Faber am 14.5.2010 eine heilige Messe mit Hans Orsolics, seiner Familie und seinen Freunden im Stephansdom.

Ein andächtiger Hans Orsolics mit Gattin Roswitha und Dompfarrer Toni Faber, der Hans die heilige Kommunion gab. Neben der Familie, wie Schwester Erika, waren auch zahlreiche Prominente anwesend.

Als besondere Überraschung sangen Christian Wobornik und Tony Wegas live im Stephansdom für Hansi „My Way". Hansi sagte, dass dies sein schönster Geburtstag war.

142

Wegas-Choral für Orsolics im Stephansdom

Seine tiefgründigste Erkenntnis lautet: „Leben is g'fährlicher als Boxen." In der Tat: Österreichs zweifachen Ex-Europameister **Hans(e) Orsolics** (42 Siege, aber auch acht schwere Niederlagen) trafen die ärgsten Knock-outs außerhalb des Rings. Suff, Straftaten, 45.000 € Schulden (von erboxten 400.000!), und dann, nach 21 Jahren solider Existenz dank Ehefrau **Roswitha**, die Diagnose Lungenkrebs. Dem AKH gelang es, die Krankheit zu bannen. Um Gott zu danken, las **Toni Faber** zum 63er des tapferen Ex-Ministranten eine Messe im Stephansdom. Als seelenverwandter „gefallener Engel" sang **Tony Wegas** „My Way" – (un-)gläubiges Staunen ringsum. - D. C.

I Hit it My Way: Domspatz Tony Wegas (mit Christian Wobornik)

Ex-Ministrant: Box-Legende Orsolics bei Dompfarrer Faber

Diskussion über Religion und Sport

Am 24.5.2010 nahm Europameister Hans Orsolics mit seinen Profiboxfreunden Weltmeister Mohamed Buckla und Europameister Biko Botuwamungu, eingeladen von Dompfarrer Toni Faber und Kirchenrat Dr. Berchtold, an einer Diskussion zum Thema Religion und Sport teil. Bei der Diskussion wurde die Bedeutung von Religion im Sport hervorgehoben und näher erörtert. Biko Botuwamungu hielt zu diesem Thema einen Vortrag, er ist seit Ende der Profiboxkarriere Baptistenprediger geworden und hat sein Leben Gott und Jesus gewidmet.

„Hansee" ist wieder im Ring!

Genauso furchtlos, wie er als aktiver Boxer seine Gegner besiegt hat, bekämpfte er nun seine schwere Krankheit. Und demnächst steigt Hans Orsolics (62) sogar wieder in den Ring – aber diesmal nur, um zu singen. *VON GABY JAHN*

• Sie hatten es im Vorjahr mit einem starken Gegner zu tun, Sie mussten gegen Lungenkrebs ankämpfen.
Ach, das war doch eine Kleinigkeit. Ich bin zäh und stur. Aufgeben gibt's bei mir nicht. Und die Ärzte hier im AKH, die schauen auch sehr gut auf mich, behandeln mich wie einen Freund, nicht wie einen Patienten.
• Und Sie bedanken sich, indem Sie die Krebsforschung des Wiener AKH unterstützen.
Demnächst kommt ein neues Buch über mich, das die Boxmanagerin Anna Pfabl geschrieben hat, heraus. Und pro verkauftem Exemplar geht 1 Euro an die Krebsforschung. Und die Boxgala am 28. Februar in der Lugner City ist ebenfalls eine Benefizveranstaltung.
• Dort werden Sie auch wieder Ihren Kulthit „Mei potschertes Leben" singen.
Ja, diesmal steig' ich nur in den Ring, um zu singen. Geplant ist, dass ich einen prominenten Duett-Partner bekomme. Lasst euch überraschen!
• Wenn Ihnen dann das Publikum wie damals „Hansee" zuruft, ist das sicher ein schönes Gefühl...
Das ist ein Wahnsinn! Dass mich die Leute alle noch

Der Ex-Europameister Hans Orsolics mit seinem besten Freund und AKH-Therapeuten Mohammed Buckla, der ebenfalls Boxer war. *FOTO EBC*

kennen. Dass sie mich nicht vergessen haben, nach so langer Zeit.
• Interessieren Sie sich für die heutigen Box-Stars?
Ja sicher, die Klitschkos zum Beispiel mag ich gerne. Aber es hat sich ja sehr viel geändert. Damals hat man mit Boxen die Halbwelt verbunden. Heute ist dieser Sport gesellschaftsfähig.
• Gibt's Nachwuchs-Talente in Österreich, die in Ihre Fußstapfen treten könnten?
Talente wären schon da. Aber die werden leider viel zu wenig gefördert.
• Dafür verdienen die ganz großen Stars heute Spitzengagen, die zu Ihrer Zeit undenkbar gewesen wären.
Ich selbst hab' leider nie so aufs Geld geschaut. Ein Wirtshaus hab ich mir gekauft. Aber das war auch nicht das Richtige für mich. Die Gäste waren oft ungut, wenn sie betrunken waren. Mit jedem Viertel sind sie stärker geworden.
• Apropos stark. Was halten Sie davon, dass auch das schwache Geschlecht boxt?
Das ist nicht schlecht, dass es Boxerinnen gibt. Die haben viel Kraft, da darf man sich nicht täuschen. Überhaupt sind die Frauen oft viel stärker als wir Männer (lacht).

Kein „potschertes" Leben

Als 20jähriger stand Hans Orsolics an der Spitze des Boxsports. Der Rauchfangkehrer aus Kaisermühlen, aus ärmsten Verhältnissen stammend, wurde Europameister – und Kultfigur. Auf den Zuschauerrängen saßen damals Zuhälter neben Ministern, käufliche Damen neben Hoträten. Ganz Österreich feierte mit „Hansee". Und litt mit ihm, als er später ganz unten war. Die Schläge seiner Weltklassegegner und der Alkohol waren eine fatale Kombination. Aber nicht nur im Ring, auch im Leben ist Orsolics immer wieder aufgestanden. Sein „potschertes Leben" verläuft heute in geordneten Bahnen: er ist Pensionist, glücklich verheiratet und zu seinem 63. Geburtstag erscheint demnächst die Biografie „Der Profiboxer".

1967 wurde Orsolics Europameister im Halbweltergewicht. Links im Bild: Kampf gegen Bruno Arcart. *FOTOS: Z.V.G.*

RINGfrei

Profi-Boxgala am 28. Februar

Das Event in der Lugner City (Beginn: 19 Uhr) ist eine Charityveranstaltung zugunsten der AKH-Krebsforschung. Zu sehen sind Titelkämpfe (z.B. der Austrian Champion Ali Chusseinov gegen Mohesen Moradian). Besonderes Highlight: Hans Orsolics wird live seinen Kulthit „Mei potschertes Leben" singen. Infos unter Tel.: 0650/507 25 28 (Anna Pfabl)

Gegen Krebs im Ring

Was Anna Pfabl, Präsidentin der Austria Boxing Association (ABA), in der Lugner City in und rund um den Ring brachte, war bemerkenswert. Im Ring wurde um den Europameistertitel nach EBF-Version gefightet, den Ali Chusseinov in einem mitreißenden Kampf für Österreich holte. Außerhalb des Rings sang Hans Orsolics, schwer angeschlagen durch seine Krebserkrankung und eine Grippe, sein „Potschertes Leben" und eine Ärztestaffel, angeführt von AKH-Chef Reinhard Krepler, trat an, um vom früheren Boxprofi und heutigen AKH-Mitarbeiter, Mohamed Buckla, Pokale entgegen zu nehmen. Immerhin stand der Abend im Zeichen der Krebsforschung, wofür im Publikum eifrig Geld gesammelt wurde. Wieviel, konnte zu Redaktionsschluss noch nicht gesagt werden. Herausragend an diesem Abend: Ringsprecher Dieter Chmelar, der über sich hinauswuchs. Schwach dagegen: Die Ringrichter, die zum Teil fahrlässig handelten, weil sie nach Kampfabbruch den Boxern den Rücken kehrten, diese aber weiter aufeinander einprügelten, bis Betreuer das Massaker stoppten.

Autogramme gibt Box-Legende Hans Orsolics. Foto: Anna Pfabl

Hans Orsolics kommt nach Liesing

Box-Legende Hans Orsolics gibt am 24. April ab 11 Uhr Autogramme im Café Bar Pub Schabernack in der Endresstraße 106. Begleitet wird der „alte Haudegen" von Österreichs Profiboxelite: Weltmeister Mohamed Buckla, Biko Botuwamugu und Wolfgang Schambeck. Für die verbalen K.O.-Schläge im Rahmenprogramm sorgt niemand Geringerer als Dieter Chmelar. Um eine Voranmeldung vor Ort wird gebeten.

Profiboxer im Schweizerhaus

Am 1. Mai 2010 versammelte sich die österreichische Profiboxelite rund um ABA Präsidentin Anna Pfabl. Dieter Chmelar interviewte die Boxer für ECHO TV, bevor der gemütliche Teil mit Bier und Stelze begann.

Geburtstags- und Genesungsfeier im Marchfelderhof

Am 8.6.2009 feierte Hans Orsolics, eingeladen von Marchfelderhof-Chef Gerhard Bocek, seine Genesung von der schweren Krebserkrankung und seinen 62. Geburtstag. Als besonderer Ehrengast kam Univ. Prof. Dr. Reinhard Krepler mit einer Abordnung von Professoren des AKH. Dank bester medizinischer und therapeutischer Behandlungen im AKH geht es Hansi wieder gut, er hat den heimtückischen Lungenkrebs besiegt und zeigt wieder kämpferisch seine einst so gefürchtete Rechte.

Zu dem von Anna Pfabl als Präsidentin der Austrian Boxing Association organisierten Event kamen auch die jüngsten Boxerinnen Österreichs, um dem Idol des österreichischen Boxsports zu gratulieren.

Hans Orsolics verewigte sich auf dem roten Teppich des Marchfelderhofes, den Marchfelderhof-Chef Gerhard Bocek und Manager Wolfgang Obendorfer für Hansi und Weltmeister Mohamed „Mo" Buckla ausgerollt hatten. An dieser Stelle vielen Dank für die schönen Stunden im Marchfelderhof!

Obwohl die Karriere des Hans Orsolics längst vorbei ist und zwischenzeitlich über 35 Jahre vergangen sind, belagern Autogrammjäger Hansi, der gerne Autogramme gibt und Anekdoten aus seinen Kämpfen erzählt.

Krampusparty der Profiboxer im Marchfelderhof

Am 1.12.2009 lud Marchfelderhof-Chef Gerhard Bocek zu einer Krampusparty der Profiboxer in den Marchfelderhof ein. Der wieder genesene Hans Orsolics wurde zwar von den weiblichen Krampussen umringt, da er aber in den letzten Jahren sehr brav war, mit Gaumenfreuden im Rahmen der „Petersburger Nächte" von Gerhard Bocek verwöhnt.

Bei dem von der Austrian Boxing Association organisierten Event gab es eine Besonderheit: 60 Jahre Boxsportgeschichte in Österreich, vom jüngsten Profiboxer Österreichs, Junior Welmeister Ali Chusseinov (20), bis zum Präsidenten der European Boxing Federation und Profiboxer in den 50-er Jahren, Johann Preclik-Pinkas (80). Dazwischen Europameister Hans Orsolics, Welt-

meister Mohamed Buckla, der 3-fache Österreichische Staatsmeister Wolfgang Schambeck und Mario Miksch.

Geburtstagsparty und „Comeback" von Hans Orsolics

Am 5.7.2010 organisierte ABA Präsidentin Anna Pfabl auf Einladung von Marchfelderhof-Chef Gerhard Bocek im Marchfelderhof eine Geburtstags- und Comeback-Party für Hansi.

In Begleitung von Weltmeister Mohamed „Mo" Buckla fuhr Hansi in der Stretchlimousine vor und wurde von zahlreichen Prominenten wie Univ. Prof. Dr. Reinhard Krepler, Dieter Chmelar und Prinz Wolfgang zu Bentheim Steinfurt begrüßt.

Wendy Night sprang aus einer Torte und überbrachte Hansi den Geburtstagskuchen. Gary Howard (Flying Pickets) überraschte Hansi mit einem unvergesslichen Auftritt.

Boxer ist Botschafter der Krebshilfe

„Hansee" Orsolics feierte Geburtstag und Comeback

Er ist ein Stehaufmännchen! Im Marchfelderhof feierte die Box-Legende Hans Orsolics den Sieg über den Lungenkrebs und eine verspätete Geburtstagsparty. Das Geschenk: eine sexy Boxerin aus der Torte!

nachgeschenkt

von
Thomas Wolff

meidling.red@
bezirkszeitung.at

Comeback

Nicht nur ein Comeback „ins Leben" feierte Hansi Orsolics zusammen mit seinem 63.Geburtstag, sondern auch als frischgebackener „Botschafter der österreichischen Krebshilfe", für die sich „Hansee" seit Heilung von seiner eigenen schweren Lungenkrebs-Erkrankung engagiert.
Und das Defilee von Freunden und Prominenten bei seiner Party im Marchfelderhof zeigte deutlich, dass er auch über 36 Jahre nach dem Ende seiner sportlichen Karriere immer noch der berühmteste und beliebteste Profiboxer Österreichs ist.

Dieter Chmelar, AKH-Direktor Prof. Dr. Reinhard Krepler, Hans Orsolics, Boxweltmeister Mohamed ‚Mo' Buckla, Prinz Wolfgang von Bentheim-Steinfurt und Marchfelderhof-Wirt Gerhard Bocek (v.l.n.r.) *Fotos (6): Thomas Wolff*

Hans Orsolics, Irene Zimmel, Verlobte von Austrian-Boxing-Association-Generalsekretär Wolfgang Schambeck, Anna Pfabl, Präsidentin der Austrian Boxing Association und Amateurboxerin Christiane Renard (v.l.n.r.)

Die berühmten Lakatos-Zigeuner spielten auf.

Moderator Dieter Chmelar

AKH-Direktor Prof. Dr. Reinhard Krepler feierte ebenfalls mit

Riesenparty für „Hansee"

(wolff). Eine Riesenparty schmissen die Freunde von Ex-Europameister Hans „Hansee" Orsolics im Deutsch-Wagramer „Marchfelder Hof" anlässlich des 63. Geburtstags von Österreichs Boxlegende. Standesgemäß rollte er mit seiner Gattin in einer amerikanischen Stretch-Limousine an. Unter den Gratulanten waren viele Prominente, wie sein „Lebensretter" AKH-Direktor Dr. **Reinhard Krepler**, Prinz **Wolfgang von Bentheim-Steinfurt**, Amateurboxerin **Christiane Renard**, Fremdenlegions-Präsident **Roderich Maschinda**, Wodka-„Zar" **Sergey Smirnov** und Rechtsanwalt Dr. **Marcus Januschke**. Und natürlich seine Freunde aus der Boxszene: Boxweltmeister **Mohamed „Mo" Buckla**, Austrian Boxing Association-Präsidentin **Anna Pfabl** und Gatte **Erwin**, Generalsekretär der European Boxing Federation **Wolfgang Schambeck** mit seiner Verlobten **Irene Zimmel** …
Nach der Einleitung durch Moderator **Dieter Chmelar** wurden Geburtstagskind Hansi und die Gäste von Marchfelderhof-Küchenchef **Christian Langer** kulinarisch verwöhnt, bevor es auch einen musikalischen „Schmaus" gab. Die berühmten Lakatos-Zigeuner spielten auf, anschließend gab **Gary Howard**, die „Stimme" der Flying Pi-

ckets, zusammen mit dem Gitarren-Virtuosen **Cyril Radlher** zur Begeisterung aller Gäste eine Kostprobe seines Könnens – darunter natürlich auch das legendäre „Only You", seinen „Mo- ney-song", wie er es selbst nannte.
Zu Hansis Überraschung gab es dann nicht nur eine „richtige" Geburtstagstorte, die er mit seinen Freunden anschnitt: **Wendy Night**, natürlich in Boxhandschuhen, sprang aus einer großen Torte und gratulierte „Hansee" zum 63ten!
Als kleine „Abrundung" zauberte Wodka-Zar Sergey Smirnov abschließend noch einige Flaschen feinsten russischen Wodka auf den Tisch.
Nur zu einem Geburtstagstänzchen mit seiner lieben Gattin Roswitha ging es sich für Hansi heute leider nicht aus: „Mit einem frisch operierten Meniskus tanz sich's halt schwer", wie er selbst sagte. Aber eben dann zum nächsten Geburtstag, Hansi …

Und Wendy Night springt zur Überraschung von Hans Orsolics aus der Torte

FOTOGALERIE

Marchfelderhofchef Gerhard Bocsek   „Wembley" Toni Fritsch

Bundespräsident Dr. Heinz Fischer   Bürgermeister Dr. Michael Häupl

Biko Botuwamungu, Hans Orsolics, Mohammed Buckla, Ali Chusseinov   Univ. Prof. Dr. Reinhard Krepler

TOM's CLUB: Tom Sarkis und Manuela Dorn   Garry Howard   Christiane Renard
                                                                 Prinz Wolfgang zu Bentheim Steinfurt

Messe im Stephansdom mit Dompfarrer Mag. Anton Faber

Christian Wobornik, Tony Wegas   Behandlungsbesprechung im AKH   PINK RIBBON Krebshilfe Österreich

PINK RIBBON NIGHT 2010

Schloss Schönbrunn, Orangerie 30.9.2010

Österreichische Krebshilfe

Spendenkonto
PSK BLZ: 60000, Konto Nr: 2.046.000
BIC: OPSKATWW, IBAN: AT856000000002046000

Kapitel 9

Biografien

Biografie Autorin Anna Pfabl

Persönliche Daten

geboren	am 4.1.1967 in Polen
Beruf	Projekt- und Eventmanagerin
seit 2006	Vorstandsmitglied der European Boxing Federation Jugend- und Frauenboxsport in Europa
seit 2007	Präsidentin der Austrian Boxing Association
Hobbys	Profiboxsport und Motorsport

Als Präsidentin der Austrian Boxing Association und Vorstandsmitglied der European Boxing Federation gilt mein vorrangiges Interesse dem Jugend- und Frauenprofiboxsport in Österreich und Europa.

Als Teilnehmerin an der „White Paper Conference Sport" in Brüssel, Anti-Doping-Konferenz in Athen und anderen Treffen der europäischen Sportverbände bin ich vor allem bestrebt, dass die Interessen des Jugend- und Frauenprofiboxsports berücksichtigt werden.

Anhand zahlreich organisierter Großveranstaltungen im Charity- und Sportbereich (Rennsport und Profiboxen) habe ich ausreichend Erfahrung in allen Managementbereichen gesammelt.

Von 1999 bis dato war ich als Geschäftsführerin in verschiedenen Organisationen tätig und habe folgende Veranstaltungen mit bis zu 10.000 Zuschauern mit geplant und organisiert bzw. war in leitender Position tätig:

1999	Licht ins Dunkel Gala Wr. Neustadt mit Peter Rapp (Civitas Nova)
2001	Städterennen in Korneuburg (Toni Fritsch Racing Team Houston/ USA)
	Winter Kart Cup Daytona (Toni Fritsch Racing Team Houston/USA)
2002	Städterennen in Schwechat (Toni Fritsch Racing Team Houston/ USA)
2002	Städterennen in Gols (Toni Fritsch Racing Team Houston/USA)
	Winter Kart Cup Daytona (American Kart Racing Team)
2003	Prominenten Kart Cup A1 Speedworld
2004	Management und Musikproduktion „2ndC" (Starmania)
2005	Teilnahme an Seminaren für Projekt- und Eventmanagement
	Teilnahme am „i2b Businessplan Wettbewerb" Projekt Bioethanol
2006	EU & Sport: Teilnahme an White Paper Conference in Brüssel
	Studienprojekt „Bioethanol - Treibstoff der Zukunft" an WU Wien
	Teilnahme am „i2b Businessplan Wettbewerb" Projekt Int. Weinhandel
2007	EU & Sport: Einladung Sport Minister Conference in Brüssel
	Europameisterschaft Thai-Boxen Nachtwerk
	Europameisterschaft Thai-Boxen Lugner City
2008	Geburtstagsfeier Hans Orsolics im Marchfelderhof
	EU & Sport: Teilnahme an White Paper Conference in Brüssel
	Int. Austrian Championship Boxen Lugner City
2009	EU & Sport: Teilnahme an der Anti Doping Conference in Athen
	Geburtstags- und Genesungsfeier Hans Orsolics im Marchfelderhof
	Krampusparty der Profiboxer im Marchfelderhof
2010	Profiboxgala Lugner City zugunsten der Krebsforschung
	Autogrammstunden Hans Orsolics
	Geburtstagsmesse im Stephansdom mit Dompfarrer Mag. Anton Faber
	1. Mai 2010 Profiboxer im Schweizerhaus
	Geburtstagsparty und Comeback von Hans Orsolics im Marchfelderhof

In Memoriam Edip Sekowitsch -
„Boxen ist mein Leben"

Edip Sekowitsch - „Der Stier von Serbien"

geboren am 24.1.1958 in Paljevo/Serbien
verstorben am 26.8.2008
Weltmeister
Europameister
Österreichischer Meister
Kampfrekord: Total 40 / W 30 (K.o. 23) / L 9 / D 1
180 Amateurboxkämpfe

Edip Sekowitsch begann bereits als Jugendlicher
seine Karriere im Boxsport. Er selbst sagte, dass
er schon als Kind wusste, dass er Boxer würde.
Und tatsächlich hat der Boxsport Edip Sekowitsch
ein Leben lang fasziniert. „Boxen ist mein Leben" war sein berühmtestes Zitat.

Der „Stier von Serbien" zeigte schon in der Jugend seine Hörner, bestritt
insgesamt 180 Amateurboxkämpfe und wurde 4 Mal serbischer Jugend-
meister.

Im Jahr 1980 kam Edip nach Österreich und hatte nur ein Ziel: Profiboxer
zu werden. Er fand im Wiener Boxmanager Bernhard Wehsely einen väter-
lichen Freund, der ihn unter die Fittiche nahm und zum Profiboxer machte.
Wehsely erkannte sofort das große Talent und förderte Edip dementsprechend. Edip trainierte hart und verbissen, immer den Erfolg vor Augen. 1981
fand endlich der erste Profiboxkampf gegen den Österreicher Ferdinand
Pachler statt, der schon 2 Profiboxkämpfe gewonnen hatte und später ebenfalls Europameister wurde. Der Kampf endete unentschieden, sehr zum Un-
mut von Edip, der noch härter trainierte und seine nächsten 5 Kämpfe durch
K.o. jeweils in der ersten oder zweiten Runde beendete. Er zerstörte seine
Gegner, mutierte zum gefürchteten K.o.-Schläger. 1982 boxte Edip gegen
Georg Steinherr in München, allerdings unter schlechten Voraussetzungen,
da Edip Grippe hatte und so in der 6. Runde durch technisches K.o. den
Kampf verlor.

Seinen nächsten Kampf am 30.4.1982 gewann Edip gegen Agamil Yilderim,
mit schon 20 Profikämpfen, davon 15 gewonnen. Edip siegte in der 5. Runde
durch technisches K.o. und erhielt erstmals die Möglichkeit, um einen Profi-

titel, um die Österreichische Meisterschaft im Mittelgewicht, gegen den Österreicher Franz Dorfer zu boxen. Dorfer hatte zu diesem Zeitpunkt bereits 24 Profikämpfe mit 16 Siegen, 6 Niederlagen und 2 Unentschieden.

Franz Dorfer, ein exzellenter Techniker und hervorragender Profiboxer, kannte Sekowitsch und dessen fürchterlichen Punch. Mit einer technischen Meisterleistung im Boxsport boxte Dorfer Sekowitsch aus und der Kampf endete bereits in der 3. Runde mit einem technischen K.o. von Sekowitsch.

Bereits vier Monate später, am 28.10.1982, erhielt Sekowitsch eine zweite Chance und verlor wiederum gegen Franz Dorfer in der 8. Runde durch technisches K.o.

Auch seinen nächsten Kampf in Mannheim gegen Dick Katende am 26.2.1983 verlor Edip unglücklich durch K.o. in der ersten Runde.

Viele dachten schon, die Karriere des Edip Sekowitsch sei zu diesem Zeitpunkt beendet, doch alle irrten. Edip trainierte und trainierte, bis er das Gewicht im Halbmittelgewicht hatte und in dieser Gewichtsklasse neu durchstartete.

Am 31.3.1983 stieg Edip Sekowitsch gegen Esperno Postl um den Titel der Österreichischen Meisterschaft im Halbmittelgewicht in den Ring. Postl hatte 57 Profikämpfe, davon 30 gewonnen, 23 verloren und 4 Mal unentschieden geboxt, ein gefährlicher Gegner mit viel Kampferfahrung.

Edips Debüt im Halbmittelgewicht endete für Esperno Postl bereits in der 3. Runde durch technisches K.o. und Edip hatte seinen ersten Profititel. Die nächsten 5 Kämpfe gewann Edip alle durch K.o., bevor er am 11.4.1985 in Paris auf Marc Ruocco mit einem Kampfrekord von 27 gewonnenen Kämpfen und nur 1 Niederlage traf. Sekowitsch verlor unglücklich in der 3. Runde durch technisches K.o. Zwischenzeitlich (1984) war Manager Bernhard Wehsely an Blutkrebs gestorben und Sekowitsch gezwungen, sich einen neuen Manager zu suchen. Diesen fand er auch in der Person des bekannten österreichischen Boxmanagers Ernst Geier.

Ernst Geier erkannte sofort die Stärken und Schwächen Edips und legte das Training danach aus. Der Erfolg stellte sich ein und Edip gewann die nächsten 8 Profikämpfe.

Mit geschickter Geschäftsstrategie gelang es Manager Ernst Geier, für seinen Schützling eine Weltmeisterschaft der WAA (World Athletic Association) gegen den Amerikaner Bryan Grant, einen international gefürchteten K.o.-Schläger mit 16 Kämpfen, 13 gewonnen, davon 12 K.o.-Siege, und 3 Niederlagen, auszuhandeln.

Am 1.6.1988 traten in der Wiener Stadthalle zwei gefürchtete K.o.-Schläger gegeneinander an und ein spannender Kampf wurde erwartet. Sekowitsch machte kurzen Prozess und schlug den gefürchteten Bryan Grant in der ersten Runde schwer k.o. Es war dies eigentlich das Ende der Laufbahn von Grant, der zwar noch zwei Kämpfe bestritt, wovon er einen verlor und einmal disqualifiziert wurde. Grant sagte, dass er nie mehr in seinem Leben gegen Sekowitsch boxen würde, er habe noch nie einen Gegner mit einem härteren Schlag erlebt.

Dies hatte Folgen, Edip erhielt als WAA World Champion keine Herausforderung, keiner der Rangliste wagte gegen Sekowitsch anzutreten und Edip verlor wertvolle Zeit, Zeit für höhere Herausforderungen.

Auf der Suche nach Gegnern und Kämpfen für Edip Sekowitsch bot sich Manager Ernst Geier eine einzigartige Chance im Form eines Europameisterschaftskampfes im Halbmittelgewicht gegen den in Deutschland lebenden Spanier José Varela. Varela zählte zu den besten Profiboxern weltweit mit einem Kampfrekord von 34 Profikämpfen, 33 gewonnen, davon 27 K.o.-Siege, und nur einer Niederlage. Der Titel war vakant und niemand gab Sekowitsch eine reelle Chance, den Kampf zu gewinnen. Schon allein die Kampfrekorde sprachen Bände und Varela wähnte sich schon als sicherer Sieger. Varela war 1986 schon einmal Europameister, verlor den Titel aber 1987 in seinem bis dato einzigen verlorenen Kampf.

Am 11.6.1989 kam es in Rüsselsheim zur Entscheidung und zum bitteren Ende der Karriere von Jose Varela. Der krasse Außenseiter Edip Sekowitsch schlug Jose Varela bereits in der 2. Runde spektakulär k.o. und holte den Titel des Europameisters. Varela bestritt nach dem schweren K.o. gegen Sekowitsch 1994 noch einen Kampf, den er ebenfalls durch K.o. verlor und er beendete daraufhin endgültig seine Karriere.

Während Edip als Weltmeister der WAA keine Herausforderung erhielt, stand bereits kurze Zeit nach dem Europameistertitel ein Herausforderer in der Person des aus Palermo/Sizilien stammenden Giuseppe Leto fest. Giuseppe Leto schien ein leichter Gegner zu sein und die italienischen Veranstalter boten eine ansehnliche Börse.

Giuseppe Leto war italienischer Meister im Halbmittelgewicht mit einem Kampfrekord von 28 Kämpfen, 21 Siegen, davon aber nur 8 K.o.-Siege, 4 Niederlagen und 3 Unentschieden. Leto hatte überdies im Mai seinen Titel als italienischer Meister verloren und schien daher kaum gefährlich. Er hatte auch gegen den gefürchteten Schläger Edip Sekowitsch kaum eine Chance. Sekowitsch war uneingeschränkter Favorit.

Niemand hatte mit der Schlauheit der italienischen Veranstalter und Manager gerechnet. Diese war der Faktor für die Niederlage von Edip Sekowitsch. Die italienischen Veranstalter und Manager zahlten nicht nur eine fürstliche Börse, sie luden Sekowitsch mit Familie nach Italien ein und schließlich Edip auch zum Trainingslager für die Kampfvorbereitung. Doch statt Training gab es tägliche Feste, Bankette, Bootsausflüge auf großen Privatjachten und jede Menge Partys, wo der Europameister Sekowitsch vorgestellt und präsentiert wurde. Edip gefiel das Leben der Reichen und Schönen in Italien und er freute sich über so viel Anerkennung und Bekanntheit.

Doch die zahlreichen Partys und Bankette hatten auch Nachteile, Edip trainierte wenig und legte vor allem Gewicht zu. Woche für Woche stieg das Gewicht, die Kondition fiel und das Unglück nahm seinen Lauf. Trotz zahlreicher Aufforderungen des österreichischen Boxverbandes und seines Managers Ernst Geier blieb Sekowitsch in Italien.

Nur wenige Tage vor dem Kampf kam die Ernüchterung. Fünf Kilogramm Übergewicht und damit war ein verhängnisvoller Gewichtsverlust innerhalb weniger Tage notwendig. Sekowitsch aß tagelang überhaupt nichts und trank nur wenig Flüssigkeit. Bei der ersten Abwage hatte er immer noch ein halbes Kilo Übergewicht, es folgte stundenlanges Schnurspringen im Heizungskeller des Hotels, bei über 60 Grad Hitze. Bei der zweiten Abwage unmittelbar vor dem Kampf brachte Edip das Gewicht nur, indem er sich komplett entkleidete und nicht einmal die Unterwäsche anbehielt. Der Kampf gegen das Gewicht war gewonnen, doch die Auswirkungen fatal.

Am 20.8.1989 fand der Kampf in Italien statt. Der haushohe Favorit Edip Sekowitsch konnte von Beginn an nicht überzeugen, er kämpfte mehr mit sich selbst als mit dem Gegner. Der hohe Flüssigkeitsverlust der letzten Stunden und der schnelle Gewichtsverlust nahmen Sekowitsch die sonst gefürchtete Schlagkraft. In der 6. Runde ging Sekowitsch nach einen Schlag auf den Hinterkopf zu Boden und wurde vom Ringrichter ausgezählt. Alle Proteste halfen nichts, der neue Europameister hieß Giuseppe Leto. Leto verlor den Titel gleich in seinem nächsten Kampf durch K.o. in der ersten Runde.

Über Anraten des Managers wechselte Edip in die nächst höhere Gewichtsklasse, das Mittelgewicht. Das Mittelgewicht ist die wahrscheinlich härteste Gewichtsklasse, mit hoher Schlagzahl und hoher Schlagwirkung.

Der erste Kampf in der neuen Gewichtsklasse war ein WBC International Titel im Mittelgewicht gegen den Argentinier Hugo Antonino Corti, 20 Kämpfe, 18 Siege, davon 6 K.o.-Siege, 1 Niederlage, 1 Unentschieden. Corti war kein K.o.-Schläger sondern ein exzellenter Techniker wie Franz Dorfer. Es kam, wie es kommen musste, Sekowitsch gelang in 12 Runden kein entscheidender

K.o.-Schlag gegen Corti und er verlor nach Punkten.

Am 1.3.1991 besiegte Sekowitsch in einem Aufbaukampf den Amerikaner Eric Cole durch technisches K.o. in der 2. Runde und suchte nach Möglichkeiten eines neuerlichen Titelkampfes.

Erst zwei Jahre später, am 19.6.1993 erhielt Edip Sekowitsch wieder eine Chance, um den IBF Intercontinental Titel im Superweltergewicht gegen den in Bern/Schweiz lebenden Italiener Salvatore di Salvatore zu kämpfen, 16 Kämpfe, 12 Siege, davon 10 K.o., 4 Niederlagen. Der Kampf fand in Wien in der Lugner City statt, gesponsert von BM Ing. Richard Lugner persönlich, dem sehr dem Boxsport verbundenen Besitzer dieses Einkaufszentrums in Wien.

Von Anfang an dominierte Edip den Kampf und der Titel schien für Salvatore schon verloren. Dann kam in der 8. Runde eine Serie von Schlägen seitens Sekowitsch und Salvatore ging zu Boden. Doch statt Salvatore anzuzählen, verwarnte der Ringrichter Edip Sekowitsch wegen eines Schlages auf den Hinterkopf des Gegners bzw. Nachschlagens, als der Gegner schon am Boden war. Salvatore erholte sich nicht mehr und konnte den Kampf nicht fortsetzen. Der Supervisor der IBF sprach gegen Edip Sekowitsch eine Disqualifikation wegen Nachschlagens eines am Boden befindlichen Gegners aus und Salvatore behielt somit seinen Titel. Es war die zweite schlechte Erfahrung, die Edip mit Italienern gemacht hatte. Auch der Supervisor der IBF war Italiener.

Bis zum Jahr 2000 absolvierte Edip Sekowitsch weitere 8 Profikämpfe, von denen er 7 gewann, und beendete dann seine Karriere.

Edip widmete sich ab dieser Zeit den Jugendlichen, er gab gratis Boxsportunterricht für Jugendliche in Trainingscentern in Wien und beteiligte sich an wohltätigen Einrichtungen, z. B. gegen Gewalt an Schulen.

Am 1.6.2008, im Alter von 50 Jahren, bestritt Edip Sekowitsch in der Wiener Lugner City, gesponsert von BM Ing. Richard Lugner, noch einmal einen Kampf gegen den Deutschen Steve Klockow und besiegte diesen durch K.o. in der ersten Runde. Es war der vorletzte Kampf seines Lebens.

Seinen letzten Kampf verlor Edip Sekowitsch in den frühen Morgenstunden des 26.8.2008, er wurde vor seinem Lokal in Wien ermordet. Obwohl Edip durch mehrere Messerstiche in Hals und Brustkorb tödlich verletzt war, schlug er seinen Mörder noch so schwer k.o., dass dieser beim Eintreffen der Polizei noch bewusstlos neben ihm auf dem Gehsteig lag. Er hat seinen Mörder nicht entkommen lassen.

„Schesko", wie Edip Sekowitsch liebevoll von Familie und Freunden genannt wurde, war ein harter und gefürchteter Profiboxer, doch genauso hart
wie Schesko im Ring war, so gutmütig, freundlich und hilfsbereit war er im
Privatleben. Seine Familie, Ehefrau Mira und die drei Kinder Bernhard, Emir
und Anita, halfen mit im Familienbetrieb, dem Lokal „Ring Frei" in Wien. Vor
einigen Jahren eröffnete er gleich neben dem „Ring Frei" das Restaurant
„Champ's Pub", in dem der gelernte Koch Edip Sekowitsch persönlich kochte. Besonders berühmt waren Scheskos Chevapcici, die er selbst zubereitete,
serviert mit angeröstetem Weißbrot, Tomaten und Zwiebel.

Hans Orsolics feierte seinen 60. Geburtstag im Kreise seiner engsten
Freunde im „Champ's Pub". Welt- und Europameister Edip Sekowitsch stand
persönlich am Herd und kochte für die eingeladenen Gäste.

EBF Präsident Johann Preclik-Pinkas, Anna Pfabl, Hans Orsolics,
Karl Marchart, Edip Sekowitsch, Josef Kovarik und Martina Bauer

Edip Sekowitsch wird allen Freunden ewig in Erinnerung bleiben -
als Boxer, vor allem jedoch als freundlicher und warmherziger
Mensch, hilfsbereit und für Menschen in Not immer zur Stelle.

AUSTRIAN BOXING ASSOCIATION

Anna Pfabl	Erwin Pfabl	Wolfgang Schambeck	Erwin Mandl
Präsidentin	Vizepräsident	Generalsekretär	Sportdirektor
0650/507 25 28	0650/507 25 28	0660/766 07 06	0699/166 166 66
Anna.Pfabl@gmx.at	E.Pfabl@gmx.at	irene.rimmel@chello.at	erwin.mandl@utanet.at

Wolfgang Prinz zu Bentheim und Steinfurt
Präsident

EUROPEAN BOXING FEDERATION

www.european-boxing-federation.eu

Dr. Marcus Januschke
Rechtsanwalt
Verteidiger in Strafsachen

Vorsitzender des Berufungsausschusses

A-1010 Wien, Doblhoffgase 5/10

Tel: 01/522 70 22

Fax: 01/522 70 22 70

Mail: office@ihrerechte.at

www.ihrerechte.at

Rechtsanwalt Dr. Manfred Ainedter

Taborstraße 24a

A - 1020 Wien

Tel: 01/214 02 14   0699/121 40 214

Staranwalt Dr. Manfred Ainedter vertritt die Autorin und Hans Orsolics bei den Vertragsabschlüssen zur Veröffentlichung des Buches in rechtlicher Hinsicht.

Hans Orsolics ist Dr. Ainedter seit der Jugendzeit bestens bekannt, da Hans bei seinem Vater, Rauchfangkehrermeister Friedrich Ainedter, in der Karmelitergasse gelernt und gearbeitet hat. Deshalb ist es Dr. Ainedter als Fan des Boxsports ein besonderes Anliegen, Hans Orsolics zu unterstützen.

Dr. Ainedter setzt sich für viele karitative Einrichtungen ein, unter anderem unterstützt er schon jahrelang die Österreichische Krebshilfe und wurde für seine Verdienste und sein ehrenamtliches Engagement mit der Krebshilfe-Gedenkmünze ausgezeichnet.

„Wer kämpft, kann verlieren.
Wer nicht kämpft, hat schon verloren."

… ist ein bekanntes Zitat von Dr. Ainedter und seine Lebensphilosophie in seinem Beruf als Rechtsanwalt.

Kapitel 10

Auszug aus den Sportlichen Regeln im Profiboxsport

Die nachstehend angeführten Sportlichen Regeln stammen aus einem Regelwerk, welches der EU-Kommission vorliegt und den modernen Anforderungen im Hinblick auf Rechte und Pflichten der EU-Bürger im europäischen Profiboxsport entspricht.

Im Allgemeinen sind die sportlichen Regelwerke aller renommierten Verbände gleich und nur geringe Abweichungen in der Regelauslegung gegeben.

Dies betrifft vorwiegend das Anzählen eines Boxers/einer Boxerin im Stehen und ob das Ende einer Runde (Gong) das Anzählen eines Boxers/einer Boxerin abbricht oder weitergeführt wird und damit ein Auszählen und K.o. für den Betroffenen erfolgt.

Die genauen Regelauslegungen werden jedoch vor jedem Kampf mit den Kampfrichtern und Punkterichtern besprochen, um Missverständnissen vorzubeugen. Bei Titelkämpfen ist ein sogenanntes „Rules Meeting" vorgeschrieben, welches unmittelbar vor der Veranstaltung stattfindet und alle wichtigen Regelpunkte werden festgelegt. Es sollte nach Möglichkeit auch der Ringarzt/die Ringärztin anwesend sein, um dahingehend instruiert zu werden, ob der Arzt/die Ärztin berechtigt ist, den Kampf abzubrechen, oder nur der Ringrichter. In den meisten Regelwerken ist verankert, dass nur der Ringrichter einen Kampf beenden kann.

Internationale Boxkommandos

In allen Ausscheidungs-, Qualifikations- und Europameisterschaftskämpfen sind vom Ringrichter nur folgende 6 internationale Kommandos auszusprechen:

a)   STOP
b)   BOX
c)   BREAK
d)   OUT
e)   TIME
f)   NAME of the boxer

Das Kommando STOP bedeutet für beide Kämpfer, sofort ihre Kampftätigkeit einzustellen, einen Schritt zurückzutreten und auf weitere Kommandos des Ringrichters zu warten.

Das Kommando BOX bedeutet für beide Kämpfer, den Kampf wieder fortzusetzen.

Das Kommando BREAK bedeutet, dass beide Kämpfer ihre Kampfhandlung einstellen, einen Schritt zurücktreten und ohne weitere Aufforderung des Ringrichters wieder den Kampf aufnehmen.

Das Kommando OUT bedeutet den sofortigen Abbruch des Kampfes. Beide Kämpfer haben sofort ihre Kampfhandlungen einzustellen und auf weitere Kommandos und Anweisungen des Ringrichters zu warten.

Das Kommando TIME zeigt den Anfang oder das Ende einer Kampfpause (Auszeit) an.

Spricht der Ringrichter nur den Namen eines der beiden Kämpfer aus, bedeutet dies, dass er einen Fehler begeht (Halten, Klammern, zweifelhafter Schlag etc.).

Die Boxkommandos und das Anzählen eines Kämpfers haben vom Ringrichter in englischer (deutscher) Sprache zu erfolgen.

Das Urteil

Das Kampfgericht kann folgende Kampfurteile verkünden:

a) **Sieger durch K.o.**
Der K.o.-Sieg wird bei Kampfunfähigkeit während mindestens 10 Sekunden verkündet.

b) **Sieger nach Punkten**
Sieger nach Punkten ist der Kämpfer, der von mindestens zwei Punktrichtern die Mehrheit an Punkten erreicht oder bei Ringrichterentscheidung vom Ringrichter zum Sieger nach Punkten erklärt wird.

c) **Sieger durch technisches K.o.**
Der technische K.o.-Sieg wird erklärt, wenn der Ringrichter den Kampf wegen augenscheinlicher Überlegenheit eines der Kämpfer und/oder Gefährdung der Gesundheit eines der Boxer/Boxerinnen abbricht, durch Aufgabe des Boxers/Trainers durch Werfen des Handtuchs oder wenn einer der beiden Kämpfer in einer Runde dreimal angezählt wird.

d) **Unentschieden**
Entscheiden zwei Punkterichter eines Kampfgerichtes auf Unterschieden (Punktegleichstand), ist unabhängig von der Kampfwertung des dritten Punkterichters auf Unentschieden zu erkennen. Ein Unentschieden kann auch durch Ringrichteralleinentscheidung erfolgen.

e) **Disqualifikation**
Der Supervisor und der Ringrichter sind berechtigt, bei Verstößen gegen die Sportlichen Regeln eine Disqualifikation auszusprechen.

f) **Kein Kampf**
Das Urteil „Kein Kampf" ist in allen Fällen auszusprechen, in denen ohne Verschulden beider Boxer und/oder Manager ein regelrechter Kampf nicht durchgeführt werden konnte. Dies ist beispielsweise bei technischen Gebrechen anlässlich der Veranstaltung der Fall.
Die Entscheidung „Kein Kampf" ist aber auch dann zu fällen, wenn das Kampfgericht die Durchführung der Kämpfe ohne Beachtung oder bei Verletzung der Statuten und/oder Sportlichen Regeln gestattet hat, sofern

die Möglichkeit besteht, dass dadurch der Kampfverlauf oder das Kampfresultat verändert oder beeinflusst wurde.

g) Ohne Entscheidung

Das Urteil „Ohne Entscheidung" ist dann zu fällen, wenn beide Boxer/Boxerinnen, aus welchen Gründen auch immer, disqualifiziert werden oder wenn beide Boxer/Boxerinnen ausgezählt werden und ein Doppel-K.o. vorliegt.

Das Zählen

Erfolgt während eines Kampfes ein Niederschlag durch einen korrekten Treffer und berührt der Boxer/die Boxerin mit anderen Köperteilen als mit den Fußsohlen den Ringboden, befindet sich in den Seilen hängend oder außerhalb des Ringes, muss der Ringrichter mit dem Zählen beginnen.

Gezählt wird die Zeit von 10 Sekunden, die vom Zeitnehmer durch Klopfzeichen ebenfalls angezeigt werden, in der Art, dass vom Ringrichter alle Sekunden in englischer (deutscher) Sprache von 1 - 9 aufgezählt werden und nach dem „TEN" unmittelbar das „OUT" folgt.

Das Ende einer Runde beendet das Zählen nicht, es sei denn bei der letzten Runde (ist bei Verbänden verschieden, wird aber vor dem Kampf vereinbart).

Befindet sich ein Boxer/eine Boxerin am Boden und/oder wird vom Ringrichter angezählt, muss sich der Gegner/die Gegnerin in eine der beiden neutralen (weißen) Ecken begeben.

Verweigert der Boxer/die Boxerin das, hört der Ringrichter mit dem Zählen auf und setzt erst wieder fort, wenn der Boxer/die Boxerin eine neutrale Ecke eingenommen hat.

Der Ringrichter hat sich beim Zählen zwischen die beiden Kämpfer zu stellen.

Bei jedem Niederschlag hat der Ringrichter bis 8 zu zählen, auch wenn sich der oder die Niedergeschlagene schon früher zum Kampf stellt.

Nach einem Niederschlag und Anzählen darf der Kampf erst wieder nach dem Kommando „BOX" des Ringrichters zwischen den beiden Kämpfern/ Kämpferinnen aufgenommen werden.

Als am Boden befindlich gilt, wenn eine Hand oder ein Knie den Boden berührt, wenn einer der Kämpfer/Kämpferinnen kampfunfähig in den Seilen hängt oder sich nicht mehr verteidigungsfähig in Kampfstellung befindet.

Wenn sich im Falle eines doppelten Niederschlages beide Boxer/Boxerinnen auf dem Boden befinden, wird derjenige/diejenige zum Sieger/Siegerin erklärt, der/die sich vor dem Auszählen vom Boden erhebt und zum Kampf stellt.

Werden beide Boxer/Boxerinnen ausgezählt, wird das Urteil „Ohne Entscheidung" gefällt.

Das Werfen von Handtuch oder Schwamm während der Dauer des Niederschlages ist verboten. Hat der Ringrichter mit dem Zählen begonnen, muss er trotz Werfens des Handtuches oder Schwammes weiterzählen. Das Zeichen der Aufgabe gilt erst, wenn der Ringrichter mit dem Zählen aufhört und sich der Boxer/die Boxerin wieder zum Kampf stellt.

Fällt ein Boxer aus dem Ring, gilt er als zu Boden gegangen. Der Ringrichter zählt ihn an und der Betroffene hat, falls er nicht innerhalb von 20 Sekunden selbstständig und ohne fremde Hilfe den Kampf fortsetzen kann, den Kampf durch K.o. verloren.

Fallen beide Boxer/Boxerinnen aus dem Ring, gilt die vorangeführte Regelung für beide.

Die Punktewertung

Kämpfe werden durch Punktewertung eines Kampfgerichtes, bestehend aus 3 Punkterichtern, oder durch alleinige Punktewertung eines Ringrichters entschieden.

Gewertet werden:
  a) der Angriff
  b) die Verteidigung
  c) die Technik
  d) die Wirksamkeit des Schlages

e) die Ausdauer und die Kampftaktik

f) das korrekte Kämpfen und Verhalten

Bei der Punktebewertung sind dem als kampfstärker bewerteten Boxer für jede Runde 10 Punkte zu geben, der kampfschwächere Boxer erhält seiner Leistung entsprechend eine niedrigere Punktezahl zuerkannt.

Bei absolut ausgeglichener Runde erhält jeder Boxer/jede Boxerin 10 Punkte.

Gewertet wird nur mit ganzen Punkten.

Die Punkterichter oder der Ringrichter bei Alleinentscheidung sind verpflichtet, jede Runde nach Ende für sich zu punkten und sich nicht beeinflussen zu lassen.

Nach Beendigung jeder Runde ist die Punktezahl im Punkterichterprotokoll zusammenzuzählen und die Gesamtpunktezahl einzutragen.

Sieger ist, wer von mindestens zwei Punkterichtern besser bewertet wurde oder wer bei Ringrichteralleinentscheidung vom Ringrichter zum Sieger erklärt wird.

Bewerten mindestens zwei Punkterichter den Kampf als Unentschieden, hat das Urteil, unabhängig von der Entscheidung des dritten Punkterichters, auf Unentschieden zu lauten.

Der Ringrichter mit Alleinentscheidung im Ring ist verpflichtet, jede Runde allein zu punkten und nach Ende des Kampfes den Sieger/die Siegerin gemäß seinen Aufzeichnungen im Punkteprotokoll nach Überprüfung durch den Supervisor zu verkünden.

Vom Ringrichter ausgesprochene Verwarnungen werden mit je einem Strafpunkt bei der Bewertung der Runde geahndet.

Der Kampfring

Profiboxkämpfe müssen in einem Ring ausgetragen werden, der nicht weniger als 4,90 Meter und nicht mehr als 6,10 Meter im Quadrat messen darf.

Der Boden des Ringes muss solide ausgeführt sein und mindestens 0,60 Meter über das Seilquadrat hinausragen.

Der Ring muss mit einer geeigneten Unterlage, die mindestens 1,5 Zentimeter und höchstens 2,5 Zentimeter dick ist, belegt sein. Die Unterlage muss rutschfest und für den Boxsport geeignet sein. Die Überdeckung muss den ganzen Ring einnehmen.

Der Ring muss mit 4 Seilen von mindestens 2 Zentimeter Stärke, mit Tuch umwickelt, umspannt sein. Die Seile müssen mindestens 30 Zentimeter von den Ringpfosten entfernt sein.

Die Ringpfosten müssen über die ganze Länge gepolstert sein.

Die Seile müssen derart gezogen sein, dass das unterste Seil 40 Zen-

timeter und das oberste Seil mindestens 120, maximal aber 140 Zentimeter vom Boden entfernt sind. Die beiden Seile in der Mitte sind in gleichmäßigen Abständen anzubringen.

Auf jeder Ringseite müssen die 4 Seile auf je ein Drittel des Abstandes von Pfosten zu Pfosten durch senkrechte, flache, 1 Zentimeter breite Schnüre verbunden sein.

Die Aufstellung des Ringes hat so zu erfolgen, dass der Ring sicher und fest steht. Der Kampfring wird vor jeder Veranstaltung vom Ringrichter und Supervisor auf Wettkampftauglichkeit und Sicherheit überprüft. Werden Mängel festgestellt, sind diese vom Veranstalter unverzüglich zu beheben.

Das Kampfgewicht

Das in den Kampfverträgen vereinbarte Gewicht ist für beide Gegner/Gegnerinnen bindend.

Überschreitet ein Boxer/eine Boxerin das vertraglich vereinbarte Gewicht, so hat er/sie eine eventuell vertraglich festgelegte Konventionalstrafe für Gewichtsüberschreitung an den Gegner/die Gegnerin zu zahlen. Die Höhe unterliegt der freien Vereinbarung der Vertragspartner, darf aber max. 10 Prozent der vertraglich vereinbarten Aufwandsentschädigung/Kampfbörse betragen.

Boxern/Boxerinnen, die nicht pünktlich zu dem im Kampfvertrag festgelegten Wiegetermin über die Waage gehen, kann eine Geldbuße bis 5 Prozent der vertraglich festgelegten Aufwandsentschädigung vom Supervisor auferlegt werden. Gegebenenfalls ist der Betrag vom Veranstalter an den Supervisor zu entrichten und dem Boxer/der Boxerin von der Börse/Aufwandsentschädigung abzuziehen.

Die Abwage ist mit einer geeichten Waage und unter Aufsicht eines Arztes durchzuführen. Zum Wiegen darf keine Federwaage benutzt werden. Der Boxer wird ohne Bekleidung gewogen und das festgestellte Gewicht vom Delegierten in das Wiegeprotokoll eingetragen.

Boxerinnen werden mit Hose und Oberteil gewogen und hiefür ein Gewicht von 200 Gramm für die Kampfbekleidung vom angezeigten Gewicht abgezogen.

Es müssen die Boxer/Boxerinnen aller Gewichtsklassen, einschließlich des Schwergewichtes, gewogen werden und die genauen Gewichte der Hauptgeschäftsstelle des Verbandes bekannt gegeben werden.

Der Boxer/die Boxerin hat selbst für die Einhaltung seines/ihres Kampfgewichtes Sorge zu tragen.

Manager und Trainer sind angewiesen, das Gewicht des Boxers/der Boxerin mindestens einmal wöchentlich zu ermitteln und schriftlich festzuhalten.

Die Zwangspause

Jeder Boxer/jede Boxerin, der/die einen Kampf durch Kopf-K.o. verliert, hat eine Zwangspause von mindestens 6 Wochen einzuhalten. In dieser Zeit darf er/sie keine Kämpfe bestreiten.

Nach Ablauf von 6 Wochen hat der Boxer/die Boxerin der Hauptgeschäftsstelle ein ärztliches Attest zu übersenden, das die Profiboxtauglichkeit bescheinigt. Es können zu diesem Zweck auch andere Untersuchungen durch den Verband angeordnet werden, deren Kosten der Boxer/die Boxerin selbst zu tragen hat.

Verliert ein Boxer/eine Boxerin zweimal hintereinander einen Kampf durch Kopf-K.o., ist eine Zwangspause von mindestens 3 Monaten vorgeschrieben. In dieser Zeit dürfen die Boxer/Boxerinnen an keinen Kämpfen teilnehmen.

Im Zweifelsfall entscheidet immer ein Vertrauensarzt des Verbandes, ob ein Boxer/eine Boxerin boxtauglich ist oder nicht. Der Vertrauensarzt des Verbandes kann auch eine längere als die angeführten Zwangspausen verfügen.

Verliert ein Boxer/eine Boxerin drei Kämpfe hintereinander durch Kopf-K.o., ist er/sie von weiteren Ausscheidungs-, Qualifikations-, Welt- und Europameisterschaftskämpfen auf mindestens ein Jahr auszuschließen und die Lizenz zu entziehen. Nach Ablauf eines Jahres kann ein neuerlicher Antrag auf Erteilung einer Lizenz gestellt werden.

Vom Verband geforderte ärztliche Atteste, Untersuchungen und sonstige zu erbringende Nachweise für eine Boxtauglichkeit sind vom Antragsteller/Lizenznehmer auf dessen Kosten beizubringen.

Boxerinnen dürfen während einer Schwangerschaft weder an Wettkämpfen noch an wettkampfnahem Training teilnehmen.

Boxerinnen müssen nach Schwangerschaft/Entbindung eine Zwangspause von mindestens 1 Jahr einhalten.

Titelverlust

Der Meister eines Verbandes verliert in folgenden Fällen seinen Titel:

a) Nach Verlust einer Herausforderung oder einer freiwilligen Titelverteidigung.

b) Im Falle der Weigerung, eine durch den Verband genehmigte Herausforderung anzunehmen.
    Eine Sperre kann in diesem Fall seitens des Verbandes für die Dauer von bis zu 3 Jahren ausgesprochen werden.

c) Durch Nichtantreten zum Herausforderungskampf, zum Wiegetermin oder bei Übergewicht.

d) Im Falle der Nichtannahme des Kampfes durch Verweigerung des vom Verband bestimmten Kampfgerichtes.

e) Bei Schädigung des Ansehens des Boxsportes kann der Vorstand des Verbandes den Titel aberkennen und als vakant ausschreiben.

f) Wenn der Meister die Mitgliedschaft des Verbandes verliert.

g) Im Falle der Weigerung, in einem Ring zu kämpfen, der den Vorschriften der Sportlichen Regeln entspricht.

h) Wenn der Meister/die Meisterin von einem/einer beim selben Verband lizenzierten Gegner/Gegnerin in einem nicht unter Europameisterschaftsbedingungen ausgetragenen Kampf, zu dem der Gegner innerhalb des Gewichtslimits des Europameisters antritt, durch K.o. besiegt wird.

Verliert der Herausforderer/die Herausforderin vor dem Meisterschaftstermin gegen einen/eine beim selben Verband lizenzierten Boxer/Boxerin in seiner/ihrer Gewichtsklasse, so tritt der Sieger an dessen/deren Stelle.

Falls der Meister und/oder der Herausforderer vor dem Meisterschaftstermin innerhalb seiner Gewichtsklasse einen Kampf verlieren, hat der Verband das Recht, die Meisterschaft neu auszuschreiben.

Auszug aus den sportlichen Regeln der
EUROPEAN BOXING FEDERATION
Erwin Pfabl, Generalsekretär

SCHLUSSWORT

Dieses Buch wurde dem Profiboxer Hans Orsolics gewidmet. Es beginnt in der Kindheit, schildert die Jugend und den sportlichen Aufstieg des Hans Orsolics, der in jungen Jahren von schweren Schicksalsschlägen erschüttert wurde, aber immer ehrlich und aufrichtig war.

Hans Orsolics hat 10 Jahre lang österreichische Boxgeschichte geschrieben und beachtliche sportliche Erfolge als jüngster Europameister erzielt.

Nach einer Krebserkrankung und erfolgreicher Behandlung im AKH genießt Hans Orsolics endlich seinen verdienten Ruhestand, gemeinsam mit Ehefrau Roswitha und Hund Ares.

Danke an Schwester Erika, Ehefrau Roswitha und Hansi selbst, die an der Entstehung des Buches mitgeholfen haben und zahlreiche Fotos für die Veröffentlichung im Buch bereitgestellt haben.

Der größte Dank gebührt den Professoren des AKH Wien, deren ärztlicher Kunst, sowie der Bereitschaft, an einem Buch über den Profiboxer Hans Orsolics mitzuwirken.

Der größte Wunsch von Hans Orsolics wäre ein Film über seine außergewöhnliche sportliche Karriere und seine Erfolge.

Das Buch enthält auch allgemeine Informationen zum Thema Profiboxsport, eine der härtesten Sportarten der Welt, sowie einen Überblick über Profiboxverbände und Regeln im internationalen Profiboxsport.

* * *

Spenden aus dem Erlös dieses Buches zugunsten der Krebsforschung des AKH Wien sind der Dank für die Rettung meines Mannes, bei dem im Juni 2008 Darmkrebs im Endstadium diagnostiziert wurde und der genau wie Hans Orsolics die schwere Krebserkrankung dank der Kunst der Ärzte des AKH überlebt hat.

Vielen Dank an dieser Stelle an die Professoren des AKH:

Univ. Prof. Dr. Reinhard Krepler
Univ. Prof. Mag. Dr. Dr. Engelbert Hartter
Univ. Prof. Dr. Robert Pirker
Univ. Prof. Dr. Anton Stift
Univ. Prof. Dr. Michael Bergmann

Vielen Dank auch für die Hilfe an der Entstehung dieses Buches an:

Mohamed Buckla (Boxweltmeister und Physiotherapeut im AKH Wien)

Autorin: Anna Pfabl

0650/507 25 28
Anna.Pfabl@gmx.at

Vor allem Dank an meinen Mann Erwin Pfabl (Generalsekretär European Boxing Federation), der mir trotz Krebserkrankung hilfreich bei den Recherchen zu diesem Buch zur Seite stand.

175

Manuela Miedler

Vom Schatten ins Licht

Von der Diagnose Krebs zu neuer Lebensfreude -
Hilfe für Betroffene, Angehörige und Helfer

Schicksalhaft ist die Diagnose Krebs. Frau Miedler zeigt in ihrem Buch betroffenen Menschen einen Weg zurück zu ihrem Urvertrauen. Hilfreiche Informationen, Anleitungen und Checklisten für den Umgang mit der Diagnose Krebs.

Die Autorin kann auf zwei Erfahrungsschätze zurückgreifen: die eigene Betroffenheit sowie die Erfahrung und Lehrtätigkeit als Dipl. Gesundheits- und Krankenschwester.

Manuela Miedler

Wege vom Schatten ins Licht

Neue Lebensfreude trotz Diagnose Krebs

Vielfältig wie die Farben des Regenbogens sind die Behandlungsmöglichkeiten für Menschen, die an Krebs erkrankt sind: Schulmedizin, Komplementärmedizin und viele alternative Methoden.

Finden Sie Ihre individuellen Wege und schöpfen Sie selbstbewusst aus dem Netzwerk der vielen Möglichkeiten, um Ihren Weg von der Diagnose Krebs zu neuer Lebensfreude selbstbestimmt und mit viel Vertrauen zu gehen.

Brissa Wudy

Schiffbruch

... und das Leben ist doch vollkommen!
Ein Buch der Hoffnung

Das Buch erzählt die Geschichte einer Rollstuhlfahrerin, der Autorin selbst, die durch einen Unfall seit 14 Jahren querschnittgelähmt ist. Zu diesem Zeitpunkt ist sie Alleinerzieherin zweier kleiner Kinder und vor große Herausforderungen gestellt, ihr Leben neu zu meistern. Das Buch erzählt aber nicht nur aus dem realen Leben, sondern parallel dazu die Geschichte von fünf Überlebenden eines gestrandeten Schiffes. Die Autorin möchte auf verschiedenste Weise Hoffnung streuen und die bereichernde Erkenntnis vermitteln, das Leben als Geschenk zu erleben!

Unser gesamtes Verlagsprogramm finden Sie auf
www.rgverlag.com